サクサク学ぶ

AutoCAD
SketchUp
Photoshop
Illustrator

2D・3Dの連携によるプレゼンボード作成

榊 愛＋風戸拓大＋髙橋 彰＋松本 崇＋牧尾晴喜

学芸出版社

　今日の建築設計やインテリアデザイン分野において、空間イメージを正確に共有し、魅力を訴求するためにはプレゼンボードが必須となっている。2Dや3Dの図面作成、画像編集、レイアウトという流れに沿って基本操作のドリルと実践的な課題に取り組むことで、プレゼンボードの作成方法をマスターしよう。

プレゼンボード作成の流れと本書の構成

　各章での使用ソフト一覧を下記の表に、一般的なプレゼンボード作成の手順・工程との対応を図に示す。AutoCAD（2D作図）、SketchUp（3D作図）、Photoshop（画像編集）、Illustrator（レイアウト）という4つのソフトウェアの使い方を、手際よく学べるように構成している。そのため、あらゆる操作方法を網羅的に詳述するのではなく、プレゼンボード作成という最終目的から逆算して、必要となる基本的な操作を厳選して解説する。

　なお、建築・インテリアデザイン分野で使われているソフトウェアは他にもさまざまなものがある。本書で基本的な概念や操作方法を身につけていれば、仮に他のソフトウェアを使う機会にも素早く習得できるだろう。

表　章ごとの使用ソフト一覧

			AutoCAD	SketchUp	Photoshop	Illustrator
1部	❶	AutoCADドリル	✓			
	❷	SketchUpドリル		✓		
	❸	AutoCAD＋SketchUp連携ワーク	✓	✓		
2部	❹	Photoshopドリル			✓	
	❺	Illustratorドリル				✓
	❻	Photoshop＋Illustrator連携ワーク			✓	✓
3部	❼	住宅をつくってみよう	✓	✓	✓	✓
	❽	カフェのインテリアデザイン	✓	✓	✓	✓

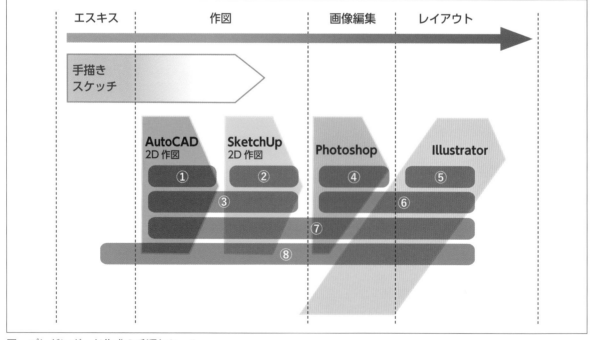

図　プレゼンボード作成の手順とツール

動画コンテンツ、作業環境について

　製図手順や建築図面のルールに慣れていない初学者でも無理なく学べるよう、紙（本書）だけでなく、動画の連動コンテンツも用意している。まずは紙で全体の流れと要点を把握し、詳細手順は動画で確認しながら、ドリル形式で実際に手を動かしてほしい。

▶オリジナルの動画とコンテンツ

　動画については、書籍ページのリンクからアクセスできる。必要に応じて本書オリジナルのコンテンツもダウンロードできるので、ぜひ活用してほしい。
https://book.gakugei-pub.co.jp/gakugei-book/9784761532970/

▶学校等での学習課程との対応

　大学・専門学校等での具体的な学習課程との対応でみると、①章から⑦章までで、1コマ90 〜 100分の授業時間としておおよそ30コマ、その他に⑧章が10コマ程度を想定している。ただしこれは目安なので、各学校でのカリキュラム、設計課題との連携・学生の習熟度や授業数などとの関係をみながら調整をしてほしい。たとえば週1コマの実習授業で特定のソフトウェアだけに焦点を絞って活用することもできるだろう。同様に、独学の場合にも自身の目的と照らしあわせて、本書をうまく役立ててほしい。

▶パソコンのOS（Windows/Mac）との対応、ソフトのバージョン情報

　本書ではパソコンのOSについて、Windowsをベースとして解説したうえで、Macを使っている読者にとっても問題なく活用できるように構成している。
頻出するキーについては下記のように読み替えて作業を進めてほしい。
Alt （Windows） → Option （Mac）
Control （Windows） → ⌘ （Command）（Mac）
Print Screen （Windows） → Shift ＋ ⌘ （Command）＋ 3 （あるいは 4 ）（Mac）
（ Shift ＋ ⌘ （Command）＋ 3 は画面全体を撮影。 Shift ＋ ⌘ （Command）＋ 4 は画面の一部）

　基本とした使用ソフトのバージョン情報はそれぞれ下記の通りである。OSやソフトウェアのバージョンによって画面構成が大きく異なる場合には、画面キャプチャで示す等、適宜、対応関係がわかるようにしてある。

・AutoCAD 2023, SketchUp Pro2023, Photoshop 2023, Illustrator 2023

　なお、本書に掲載されたすべての製品名、会社名などは、一般に各社の商標または登録商標です。

Contents 目次

はじめに ……………………………………… 2

第1部

AutoCAD+SketchUp基礎編
…………………………………………………… 6

❶ AutoCADドリル

【1】 AutoCADの基本操作 ……………… 8
- ❶画面を整えよう ……………………………… 8
- ❷ファイルを操作しよう ……………………… 10
- ❸困ったときの操作のコツ …………………… 11
- ❹画面の表示を操作しよう …………………… 12
- ❺図形を選択・解除しよう …………………… 13
- ❻図面を印刷・PDFに出力しよう ………… 14

【2】 作成 ……………………………………… 16
- ❶正確に作図するコツを覚えよう …………… 16
- ❷線を描こう …………………………………… 17
- ❸正確に線を描こう …………………………… 18
- ❹長方形を描こう ……………………………… 20
- ❺円を描こう …………………………………… 21
- ❻円弧を描こう ………………………………… 22
- ❼二重線を描こう ……………………………… 23
- ❽ハッチングで塗り潰そう …………………… 24
- ❾画像を読み込もう …………………………… 25

【3】 修正 ……………………………………… 26
- ❶削除しよう …………………………………… 26
- ❷移動しよう …………………………………… 27
- ❸コピーしよう（複写） ……………………… 28
- ❹回転しよう …………………………………… 29
- ❺反転しよう（鏡像） ………………………… 30
- ❻オフセットしよう …………………………… 31
- ❼切り取り・延長しよう ……………………… 32
- ❽角を丸める・角を取る ……………………… 33
- ❾伸縮・拡大縮小しよう ……………………… 34
- ❿分解・結合しよう …………………………… 35
- ⓫グリップで形を修正しよう ………………… 36

【4】 文字・寸法 …………………………… 37
- ❶文字パネルを確認しよう …………………… 37
- ❷文字を書こう ………………………………… 38
- ❸寸法パネルを確認しよう …………………… 40
- ❹寸法を書こう ………………………………… 41
- ❺効率良く美しく寸法を書こう ……………… 43
- ❻画層（レイヤー）とは ……………………… 44

❷ SketchUpドリル

【1】 画面構成・基本操作 ………………… 46
- ❶画面を整えよう ……………………………… 46
- ❷ファイルを操作しよう ……………………… 48
- ❸画面の表示を操作しよう …………………… 49
- ❹図形を選択・解除しよう …………………… 50
- ❺範囲指定による図形の選択 ………………… 52
- ❻図形を削除する ……………………………… 53
- ❼色や素材をペイントしよう ………………… 54
- ❽線や背景の表現を変えよう ………………… 55
- ❾グループを操作しよう ……………………… 56
- ❿シーンを保存・呼び出そう ………………… 58
- ⓫影を表示しよう ……………………………… 59
- ⓬パース・立面図・アイソメなどを表示しよう …60
- ⓭ファイルを入力・出力しよう ……………… 62

【2】 描画 ……………………………………… 63
- ❶線を自由に描く ……………………………… 63
- ❷正確に線を描こう …………………………… 64
- ❸面を描こう …………………………………… 66
- ❹線・面を分割・結合しよう ………………… 67

【3】 編集 ……………………………………… 68
- ❶立体を作ろう1（プッシュプル） ………… 68
- ❷立体を作ろう2（フォローミー） ………… 69
- ❸移動・コピーしよう ………………………… 70
- ❹回転・コピーしよう ………………………… 72
- ❺オフセット・尺度を変更する ……………… 74
- ❻外側シェルを使おう ………………………… 75
- ❼メジャー・寸法を使おう …………………… 76

【4】 CAD図面の活用 ……………………… 77
- ❶CAD図面を活用してモデルを作ろう ……… 77

❸ AutoCAD＋SketchUp連携ワーク

【1】 家具の図面作成とモデリング ……78
❶しかくい箱を作図しよう …………78
❷さんかくの箱を作図しよう ………80
❸まるい箱を作図しよう ……………82
❹それぞれの箱をモデリングしよう …84

【2】 小屋の図面作成とモデリング ……86
❶ちいさな小屋を作図しよう ………86
❷ちいさな小屋をモデリングしよう …90

【3】 小屋のパース作成 ………………92
❶ちいさな小屋のパースをつくろう …92

第2部

Photoshop＋Illustrator基礎編
………………………………………98

❹ Photoshopドリル

【1】 Photoshopの概要 ……………100
❶Photoshopの画面を整えよう ……100
❷レイヤーについて …………………103

【2】 Photoshopの基礎 ……………104
❶Photoshopの基本ツールの使い方 …104
❷画像の調整 …………………………110
❸画像の切り抜き ……………………114
❹画像の色調変更 ……………………116
❺模型写真への合成 …………………118

❺ Illustratorドリル

【1】 Illustratorの概要 ……………122
❶Illustratorの画面を整えよう ……122
❷レイヤーについて …………………125

【2】 Illustratorの基礎 ……………126
❶Illustratorの基本ツールの使い方 …126
❷ガイドの作成と画像の配置・整列 …142
❸クリッピングマスクと透明マスク …144

❻ Photoshop＋Illustrator連携ワーク

【1】 プレゼンボードを作成しよう ……146
❶レイアウトの練習1 ………………146
❷レイアウトの練習2 ………………148

第3部

AutoCAD＋SketchUp＋
Photoshop＋Illustrator応用編
………………………………………158

❼ 住宅をつくってみよう

【1】 建築図面・モデルを描いてみよう ……160
❶平面図を描いてみよう ……………160
❷断面図を考えてみよう ……………166
❸高床の家を知ろう …………………168
❹断面図を描いてみよう ……………170
❺木造軸組3Dモデルを立ち上げてみよう …174

【2】 図面を加工してみよう ………178
❶平面図を加工しよう ………………178
❷断面図を加工しよう ………………184

❽ 実践ワーク

【カフェのインテリアデザイン】 ……190
❶自分の設計をかたちにしてみよう …190
❷設計概要と作品例 …………………190

第1部

AutoCAD+SketchUpドリル基礎編

1部では、AutoCAD（2DCAD）とSketchUp（3DCAD）の基本的な操作をドリル形式でしっかり学ぼう。建築図面をじっくり見ると、線や円、文字や寸法など、基本的な要素で構成されていることがわかる。
①AutoCADドリルでは図面を描くための基礎として、AutoCADで図形や文字などを作成・編集する技術を身につけよう。しかし、図面だけでは空間の把握が難しいため、立体的な表現にはアイソメ図やパースが使われる。②SketchUpドリルではアイソメやパースを描くための基礎として、SketchUpで3次元モデリングの基本操作を学ぼう。最後に、家具の図面とアイソメ図を作成した後、建築の図面とインテリアパースを作成することで、学んだ技術を定着させよう。

❶ AutoCADドリル

【1】 AutoCADの基本操作
❶画面を整えよう
❷ファイルを操作しよう
❸困ったときの操作のコツ
❹画面の表示を操作しよう
❺図形を選択・解除しよう
❻図面を印刷・PDFに出力しよう

【2】 作成
❶正確に作図するコツを覚えよう
❷線を描こう
❸正確に線を描こう
❹長方形を描こう
❺円を描こう
❻円弧を描こう
❼二重線を描こう
❽ハッチングで塗り潰そう
❾画像を読み込もう

【3】 修正
❶削除しよう
❷移動しよう
❸コピーしよう（複写）
❹回転しよう
❺反転しよう（鏡像）
❻オフセットしよう
❼切り取り・延長しよう
❽角を丸める・角を取る
❾伸縮・拡大縮小しよう
❿分解・結合しよう
⓫グリップで形を修正しよう

【4】 文字・寸法
❶文字パネルを確認しよう
❷文字を書こう
❸寸法パネルを確認しよう
❹寸法を書こう
❺効率良く美しく寸法を書こう
❻画層（レイヤー）とは

❷ SketchUpドリル

【1】 画面構成・基本操作
❶画面を整えよう　❷ファイルを操作しよう
❸画面の表示を操作しよう
❹図形を選択・解除しよう
❺範囲指定による図形の選択　❻図形を削除する
❼色や素材をペイントしよう
❽線や背景の表現を変えよう
❾グループを操作しよう
❿シーンを保存・呼び出そう　⓫影を表示しよう
⓬パース・立面図・アイソメなどを表示しよう
⓭ファイルを入力・出力しよう

【2】 描画
❶線を自由に描く　❷正確に線を描こう
❸面を描こう　❹線・面を分割・結合しよう

【3】 編集
❶立体を作ろう1（プッシュプル）
❷立体を作ろう2（フォローミー）
❸移動・コピーしよう　❹回転・コピーしよう
❺オフセット・尺度を変更する
❻外側シェルを使おう　❼メジャー・寸法を使おう

【4】 CAD図面の活用
❶CAD図面を活用してモデルを作ろう

❸ AutoCAD+SketchUp連携ワーク

【1】 家具の図面作成とモデリング
❶しかくい箱を作図しよう
❷さんかくの箱を作図しよう
❸まるい箱を作図しよう
❹それぞれの箱をモデリングしよう

【2】 小屋の図面作成とモデリング
❶ちいさな小屋を作図しよう
❷ちいさな小屋をモデリングしよう

【3】 小屋のパース作成
❶ちいさな小屋のパースをつくろう

ドリル

AutoCAD
作成・編集・文字・寸法

SketchUp
描画（モデリング）・編集

**連携
ワーク**

AutoCAD
家具の図面作成

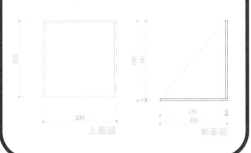

SketchUp
家具のモデリング・アイソメ図

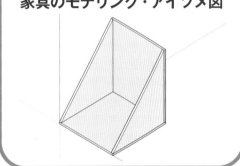

AutoCAD
建築の図面作成

SketchUp
建築のモデリング

SketchUp
建築のインテリアパース

1 画面を整えよう

よく使うツールやパネルの名前と位置を確認しよう。そしてWindows版のAutoCADは、初期設定で表示されていないメニューやパネルがあるので、作業しやすいように整えよう。

1. Windows版の画面構成

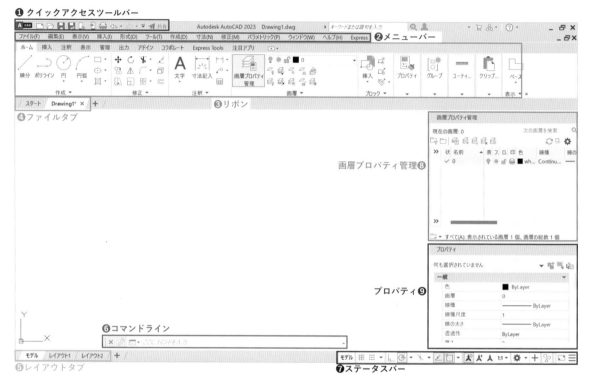

2. 【Win】【Mac】画面構成の対応

	Windows	Mac	説明
❶	クイックアクセスツールバー	ツールバー	ファイルを開く、保存など、よく使用する機能を表示
❷	メニューバー		すべてのコマンドを表示
❸	リボン	ツールセット	一部のコマンドをアイコンで表示
❹	ファイルタブ		開いているファイルをタブで表示 タブをクリックして切替
❺	レイアウトタブ		モデルタブとレイアウトタブの切替
❻	コマンドライン		実行中コマンドの操作手順やオプション 操作結果に関するメッセージを表示
❼	ステータスバー		作図の補助機能のボタンを表示
❽	画層プロパティ管理パネル	画層パネル	画層を操作、管理
❾	プロパティパネル		選択図形の情報を確認、修正

Mac版の画面構成

Mac版のAutoCADでは、❶❷❸の表示位置や名前がWindowsと異なるため、対応を確認しておこう。

コマンドとは？
AutoCADに与える命令のこと。

３.【Win】画面を整えよう

1. メニューバーを表示しよう

❶クイックツールバーの下向き三角をクリック
❷「メニューバーを表示」をクリック

2. 画層プロパティ管理パネルを表示しよう

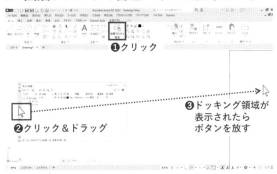

❶リボン「ホーム→画層プロパティ管理」をクリック
❷画層プロパティ管理パネルのタイトルをクリック&ドラッグ
❸ドッキング領域が表示されたらマウスボタンを放す

3. プロパティパネルを表示しよう

❶リボン「ホーム→プロパティ」にある右下矢印をクリック

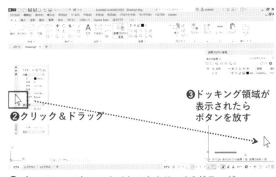

❷プロパティパネルのタイトルをクリック&ドラッグ
❸ドッキング領域が表示されたらマウスボタンを放す

4. ショートカットキー

ショートカットキーを覚えておくと、効率よく作業することができる。キーボードの赤枠で囲われたショートカットキーは使用頻度が高いので覚えておくとよい。

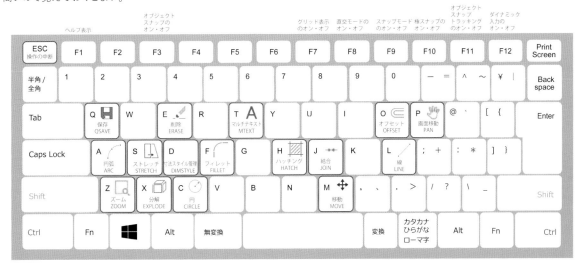

2 ファイルを操作しよう

→ 1_1_2_kihon.dwg

ファイルを開く、閉じる、保存などの基本的なファイル操作をマスターしよう。

1. ファイルを開こう

❶「開く」をクリック

❷開くファイルのある場所（フォルダ）を選択
❸開くファイル1_1_2_kihon.dwgを選択
❹開くをクリック
　ファイルが開かれたことを確認

ファイルのバージョンが異なって開けない場合

古いバージョンのAutoCADでは、新しいバージョンで保存されたファイルを開くことができない。
そのときは、新しいAutoCADでファイルを開いた後、「名前を付けて保存」で古いファイルバージョンで保存すると、古いAutoCADで開けるようになる。

---

2. 上書き保存しよう

❶「上書き保存」をクリック
　上書き保存できたことを確認

---

3. 名前や種類を指定して保存しよう

ここでは、例として「AutoCAD2010DXF」に指定して保存しよう。

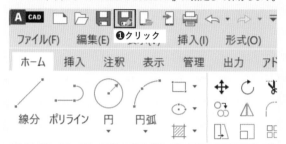

❶「名前をつけて保存」をクリック

❷保存するフォルダを選択
❸ファイル名 1_1_2_kihon2010 を入力
❹ファイルの種類 AutoCAD 2010 DXFを選択
❺保存をクリック
　DXFファイルが保存されたことを確認

AutoCADで使う主なファイルの種類

DWGファイル	図面を保存するファイル AutoCADで通常使う最も一般的なファイル
DXFファイル	データ交換用の図面ファイル 他のCADとデータをやり取りするときに使う
BAKファイル	バックアップ用のファイル DWGファイルを保存すると、同じフォルダに自動的に作成されるファイル DWGファイルが破損して開けなくなった時、BAKファイルの拡張子をbakからdwgに変更するとAutoCADで開くことができて復元できる

ファイルの拡張子とは？

拡張子とは、ファイルの種類を区別するための文字列のこと。通常は、ファイル名の後ろに表示されており、.dwgなどのピリオドと英数字で構成される。
ただし、Windowsの初期設定では、拡張子が非表示になっているため、設定を変更しておくと良い。
Windowsのエクスプローラの「表示→ 表示→ファイル名拡張子」にチェックすると、拡張子を表示できる。

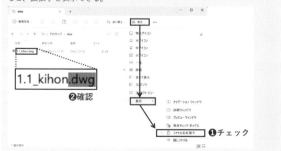

3 困ったときの操作のコツ

作業の途中で、操作を失敗したり、
思わぬ画面になったりすることが
ある。
困ったときに便利な操作のコツを
覚えておこう。

操作の中断	–	ESC
元に戻す	<-	Ctrl + Z
やり直す	->	Ctrl + Y
画面を元に戻す	–	【Win】「Windows→設定を規定にリセット」 【Mac】「AutoCAD→AutoCADをリセット」

1. 操作を中断しよう

実行するコマンドを間違ったときや、途中で操作が分からな
くなったときなどに、操作を中断して初期状態に戻せる

❶ ESC でコマンドをキャンセル
❷ コマンドラインでプロンプトが初期状態に戻った
　 ことを確認

プロンプトとは？

プロンプトとは、AutoCADからのメッセージのことである。コマンドラインや
マウスカーソルの横などに表示される。プロンプトを確認して操作することで、
AutoCADとコミュニケーションしながら作業できる。
プロンプトを確認する習慣を身につけると、今必要な操作がわかるので、効率
よく作業できるようになる。

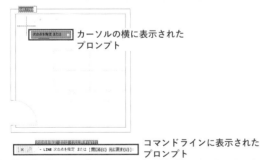

カーソルの横に表示された
プロンプト

コマンドラインに表示された
プロンプト

初期状態のコマンドラインの表示（コマンドが実行されていないとき）

コマンド実行中のコマンドラインの表示

実行中のコマンド　プロンプト

オプション

2. 元に戻そう・やり直そう

前の作業状態に戻りたいときは「元に戻す」、戻りすぎたとき
には「やり直す」で、作業の状態を戻したり進めたりできる

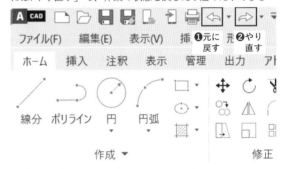

3. 画面構成を元に戻そう

パネルやツールが消えてしまったり、位置が変わって戻せな
くなった時は、リセットすることで初期状態に戻せる

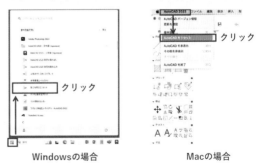

Windowsの場合　　　　　　　　　Macの場合

【Windows】
「Windows→AutoCAD2023→設定を規定にリセット」を
クリック
【Mac】
「AutoCAD2023→AutoCADをリセット」をクリック

4 画面の表示を操作しよう

図面の適切な場所を適切な大きさで画面に表示するために、画面の表示操作を練習しよう。

本書では、マウスのホイールボタンを使った操作方法を中心に説明する。

AutoCADに限らず、どんなCADでもホイールを使うと効率良く作業できるため、ホイール付きのマウスを使うことを推奨する。

	ホイールボタンを使う場合	ホイールボタンを使わない場合
縮小	手前に回転	「表示→ズーム→リアルタイム→下にドラッグ」
拡大	奥に回転	「表示→ズーム→リアルタイム→上にドラッグ」
移動	ドラッグ	「表示→メニュー→画面移動→リアルタイム」
全体表示	ダブルクリック	「表示→ズーム→オブジェクト範囲」

1. 画面を縮小表示しよう

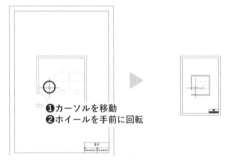

❶縮小の中心にカーソルを移動
❷ホイールを手前に回転

2. 画面を拡大表示しよう

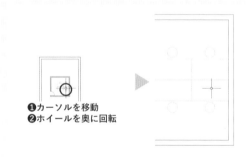

❶拡大の中心にカーソルを移動
❷ホイールを奥に回転

3. 画面を移動しよう

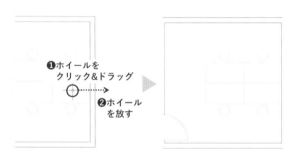

❶ホイールをクリック&ドラッグする
❷移動できたら、ホイールを放す

4. すべての図形全体を表示しよう

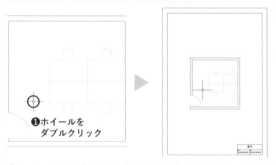

❶ホイールをダブルクリック

選択図形を拡大表示するには？

「表示→ズーム→選択オブジェクト」で、選択図形を画面に拡大して表示できる。
図形の選択方法の詳細は13ページを参照。

5 図形を選択・解除しよう

図形を削除したり、色や位置、形を修正したいとき、まずその図形を選択する必要がある。作業目的に合わせて図形を的確に選択できるように練習しよう。

1. 1つの図形を選択しよう

ポイント 青色の四角（グリップ）が表示される

❶ ESC
❷図形をクリック

❶ ESC でコマンドをキャンセルして初期状態に戻す
❷選択する図形にカーソルを近づけてクリック

選択図形の目印グリップ

選択された図形には、グリップと呼ばれる青色の四角が表示される。グリップを使って、図形の形を変更することもできる。詳細は36ページを参照。

2. 複数の図形を選択しよう

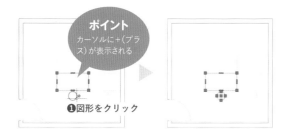

ポイント カーソルに＋（プラス）が表示される

❶図形をクリック

❶選択する複数の図形を順にクリック

3. 1つの図形の選択を解除しよう

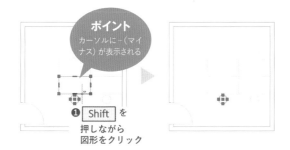

ポイント カーソルに－（マイナス）が表示される

❶ Shift を押しながら図形をクリック

❶ Shift を押しながら選択解除する図形をクリック

4. すべての図形を選択しよう

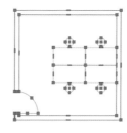

❶「編集→すべて選択」

すべて選択のショートカットキー

よく使うので、ショートカットキーを覚えておこう。
【Win】 Ctrl ＋ A
【Mac】 command ＋ A

❶「編集→すべて選択」をクリック

5. すべての図形の選択を解除しよう

❶ ESC

❶ ESC ですべての選択を解除

6. 窓選択で範囲を指定して選択しよう

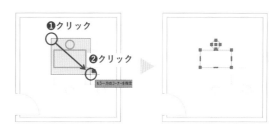

❶クリック
❷クリック

❶選択する図形を囲むように範囲の左上をクリック
❷範囲の右下をクリック

窓選択

左から右に指定すると青色で表示された範囲に完全に含まれる図形が選択される。これを窓選択と呼ぶ。

7. 交差選択で範囲を指定して選択しよう

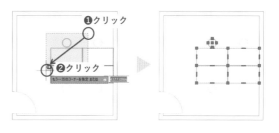

❶クリック
❷クリック

❶選択する図形を囲むように範囲の右上をクリック
❷範囲の左下をクリック

交差選択

右から左に指定すると緑色で表示された範囲に交差する図形が選択される。これを交差選択と呼ぶ。

6 図面を印刷・PDF に出力しよう

作成した図面を印刷・PDF出力する練習をしよう。印刷するたびに毎回同じ設定をするのは手間がかかるため、ここでは、印刷設定を保存した後、PDF出力する手順をOSごとに説明する。

1.【Win】まず印刷設定を保存しよう

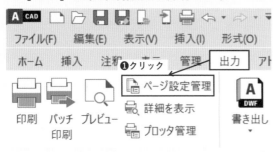

❶「出力→ページ設定管理」をクリック

❷新規作成をクリック

❸ページ設定名A4縦モノクロを入力　❹OKをクリック

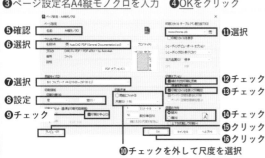

❺確認
❻選択
❼選択
❽設定
❾チェック
⑪選択
⑫チェック
⑬チェック
⑭チェック
⑮クリック
⑯クリック

⑩チェックを外して尺度を選択

2.【Win】PDF に出力しよう

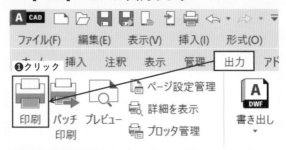

❶「出力→印刷」をクリック

❷選択
❸クリック

❷保存したページ設定の名前A4縦モノクロを選択
❸プレビューをクリック

❹クリック

❹「印刷」をクリック

❺選択
❻入力
❼クリック

❺保存するフォルダを選択
❻ファイル名 1_1_kihon を入力　❼保存をクリック

❺ページ設定名A4縦モノクロを確認
❻プリンタの名前AutoCAD PDF（General Documentation）を選択
❼用紙サイズISOフルブリードA4（210.00×297.00ミリ）を選択
❽印刷対象窓を選択後、窓ボタンを押して印刷する範囲を指定
❾印刷の中心にチェック
⑩用紙にフィットのチェックを外して尺度1:50を選択
⑪印刷スタイルmonoclome.ctbを選択
⑫線の太さを印刷に反映にチェック
⑬印刷スタイルを使って印刷にチェック
⑭印刷方向縦にチェック
⑮プレビューをクリックして印刷結果を確認
⑯OKをクリック

1.【Mac】まず印刷設定を保存しよう

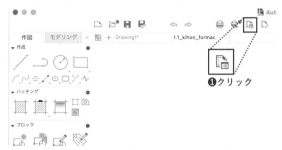

❶「ページ設定管理」をクリック

❷＋をクリック

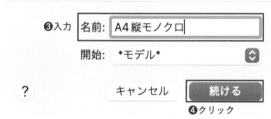

❸名前に**A4縦モノクロ**を入力
❹**続ける**をクリック

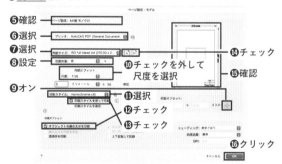

❺ページ設定名**A4縦モノクロ**を確認
❻プリンタの名前**AutoCAD PDF（General Documentation）**を選択
❼用紙サイズ**ISO full bleed A4（210.00×297.00ミリ）**を選択
❽印刷対象**窓**を選択後、窓ボタンを押して印刷する範囲を指定
❾印刷の中心にチェック
❿用紙にフィットのチェックを外して尺度**1:50**を選択
⓫印刷スタイル**monoclome.ctb**を選択
⓬**オブジェクトの線の太さを印刷**にチェック
⓭**印刷スタイルを使って印刷**にチェック
⓮印刷方向**縦**にチェック
⓯プレビューを確認
⓰**OK**をクリック

2.【Mac】PDF に出力しよう

❶「印刷」をクリック

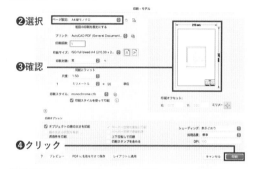

❷保存したページ設定の名前**A4縦モノクロ**を選択
❸プレビューを確認
❹**印刷**をクリック

❺ファイル名 **1_1_2_kihon**を入力
❻保存するフォルダを選択
❼**保存**をクリック

1 正確に作図するコツを覚えよう

正確な図面を描くには、1つ1つの図形を正確に丁寧に描く必要がある。
ここでは、正確な作図に便利なステータスバーの主な機能を説明する。

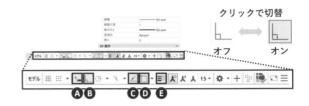
クリックで切替
オフ　オン

Ⓐ Ⓑ　Ⓒ Ⓓ Ⓔ

1. 表示するアイコンを切り替えよう

初期設定では、一部のアイコンしか表示されていない。アイコンが表示されていない時は、設定を変更しよう。

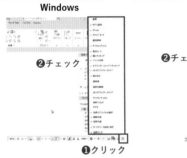

Windows　❷チェック　Mac　❷チェック
❶クリック　❶クリック

❶カスタマイズボタンをクリック
❷表示するアイコンにチェック

2. ダイナミック入力

カーソル近くにプロンプトを表示することで、操作や入力を補助する機能である。便利なのでオンにしておこう。

Ⓐ ⬚ ダイナミック入力

プロンプト

オン　オフ

> **プロンプトとは？**
> 11ページを参照。

3. 直交モード

カーソルの動きをXY軸方向に限定する機能である。
水平垂直な線を描くときはオンにしよう。

Ⓑ ⌐ 直交モード

オン　オフ

4. オブジェクトスナップトラッキング

図形の端点や交点などの代表点を認識して補助線を表示する機能である。便利なのでオンにしておこう。

Ⓒ ∠ オブジェクトスナップトラッキング

オン　オフ

5. オブジェクトスナップ

図形の端点や交点、円の中心などを正確につかむことができる機能である。便利なのでオンにしておこう。

Ⓓ ▯ オブジェクトスナップ

オン　オフ

交点や端点など、スナップしたい場所を切替ながら作業しよう。

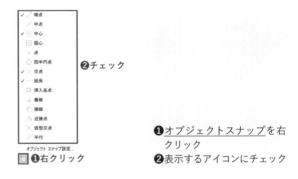

❷チェック

オブジェクト スナップ設定…
▯ ❶右クリック

❶オブジェクトスナップを右クリック
❷表示するアイコンにチェック

6. 線の太さ

設定された線の太さで画面に表示する機能である。視覚的に設定を確認できるよう、オンにしておこう。

Ⓔ ☰ 線の太さ

オン　オフ

2 線を描こう

● 1_2_2_sakusei.dwg

「線分」で線を描こう。

| コマンド実行 | → | 頂点をマウスクリックで順に指定して作図 | → | コマンド終了 |

線分　ポリライン　円　円弧

作成 ▼

1. 自由に線を描こう

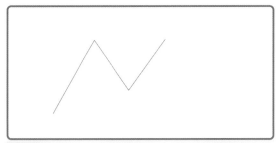

準備 「線分」を実行

ポイント
プロンプトに表示されるAutoCADからのメッセージを確認しながら操作しよう!

❷クリック

1点目を指定　846.7636　❶確認

❶プロンプトに<u>1点目を指定</u>と表示されていることを確認
❷1点目をクリック

❸順にクリック
❹ Enter

❸次の点を順にクリック
❹最後の点を指定したら Enter でコマンド終了

オプションの使い方

コマンド実行中にオプションを指定すると、詳細な設定を変更できたり、さらに高度な機能を使える。たとえば、「線」では<u>閉じる</u>オプションでは自動的に図形を閉じることができ、<u>元に戻す</u>オプションでは、1つ前に指定した頂点をキャンセルできる。
表示されるオプションはコマンドによって異なるので、プロンプトを確認しながら操作して、様々なオプションを試してみよう。

次の点を指定 または　❶ ↓
❷オプションを指定

❶プロンプトに下向き矢印が表示されたときに ↓ を押す
❷使用するオプションをクリックして指定

2. 水平・垂直な線を描こう

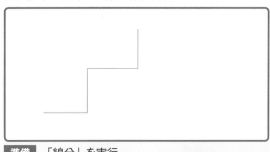

準備 「線分」を実行

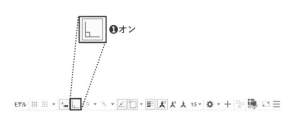

❶オン

モデル ...

❶<u>直交モード</u>をオンにする

❸クリック
❷クリック　直交モード 27.1539 < 0°

❷1点目をクリック
❸プロンプトに<u>直交モード</u>と表示されていることを確認して、2点目をクリック

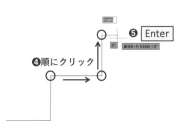

❺ Enter
直交モード 9.6406 < 0°
❹順にクリック

❹次の点を順にクリック
❺最後の点を指定したら Enter でコマンド終了

3 正確に線を描こう

「線分」で、寸法などを指定して正確に線を描こう。

| コマンド実行 | → | 頂点位置を正確に指示しながら順に指定して作図 | → | コマンド終了 |

作成 ▼

1. 長さと角度を指定して線を描こう

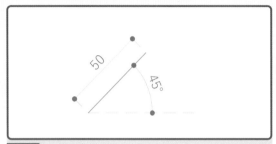

準備 「線分」を実行

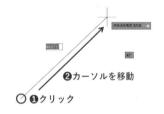

❶1点目をクリック
❷線を描きたい方向にカーソルを移動

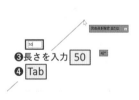

❸線の長さ50を入力
❹ Tab を押す

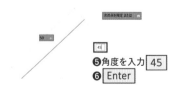

❺角度45を入力
❻ Enter で終了

2. 座標を指定して線を描こう

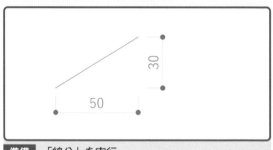

準備 「線分」を実行

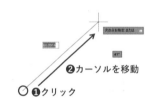

❶1点目をクリック
❷線を描きたい方向にカーソルを移動

❸X方向の距離（右は正、左は負）50を入力
❹ , を押す
❺Y方向の距離（上は正、下は負）50を入力
❻ Enter で終了

座標値入力の主な方法

極座標入力	相対座標入力
直前に指定した位置からの距離と角度を入力	直前に指定した位置からのX方向とY方向の移動距離を入力
距離：100　角度：30度	Y方向：30　X方向：50
角度の方向 　正：反時計回り　負：時計回り	移動距離の方向 　正：右・上　負：左・下

3. オブジェクトスナップを使おう

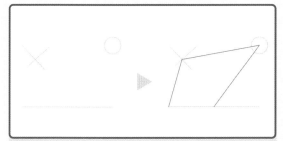

準備 「線分」を実行

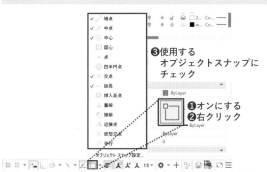

❶オブジェクトスナップをオン
❷右クリックしてメニューを表示
❸使用するオブジェクトスナップにチェック

❹1点目（線の端点）にカーソルを近づけて
　□端点が表示されたらクリック
❺次の点（2本の線の交点）にカーソルを近づけて
　×交点が表示されたらクリック

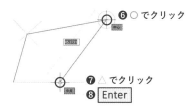

❻次の点（円の中心）にカーソルを近づけて
　○中心が表示されたらクリック
❼最後の点（線の中点）にカーソルを近づけて
　△中点が表示されたらクリック
❽ Enter で終了

4. トラッキングを使おう

準備 「線分」を実行

❶オブジェクトスナップトラッキングをオン

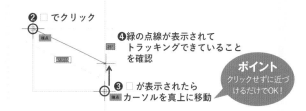

❷1点目（線の端点）にカーソルを近づけて
　□端点が表示されたらクリック
❸位置を認識させたい右下の点（線の端点）にカーソルを近づけて、□端点が表示されたらカーソルを真上（次の点の方向）の方向に移動
❹緑の点線が表示されてトラッキングできていることを確認しながら、さらにカーソルを移動

❺緑色の点線の交点でクリック

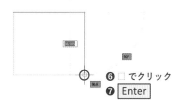

❻最後の点（端点）にカーソルを近づけて
　□端点が表示されたらクリック
❼ Enter で終了

4 長方形を描こう

「長方形」で長方形を描こう。

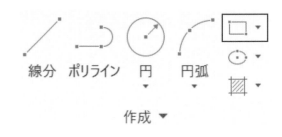
線分　ポリライン　円　円弧
作成 ▼

| コマンド実行 | → | 長方形の頂点や大きさを指定して作図 | → | コマンド終了 |

1. 自由に長方形を描こう

準備　「長方形」を実行

❷クリック
❶確認

❶ プロンプトに一方のコーナーを指定と表示されていることを確認
❷ 長方形の一方のコーナーをクリック

❹クリック
❸確認
❺ Enter

❸ プロンプトにもう一方のコーナーを指定と表示されていることを確認
❹ 対角となるもう一方のコーナーをクリック
❺ Enter で終了

2. 大きさを指定して長方形を描こう

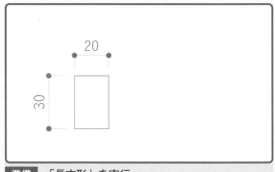
20
30

準備　「長方形」を実行

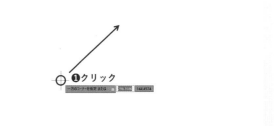
❶クリック

❶ 長方形の一方のコーナーをクリック

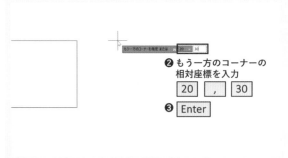
❷ もう一方のコーナーの相対座標を入力
20 ， 30
❸ Enter

❷ もう一方のコーナーの相対座標（1点目からのX・Y方向の距離）20,30を入力
❸ Enter で終了

相対座標で負の値を指定すると？

手順❷で、もう一方のコーナーの相対座標を指定するとき、「-20,-30」のように負の値を入力すると、どのような長方形が描かれるだろう？
予想した後、実際に描いて確認してみよう。相対座標入力の詳細は18ページを参照。

5 円を描こう

「円」で円を描こう。
様々な方法で描くコマンドがあるので、描きたい円
によってコマンドを選ぼう。

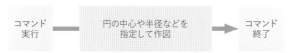

| コマンド実行 | ➡ | 円の中心や半径などを指定して作図 | ➡ | コマンド終了 |

1. 中心と半径を指定して円を描こう

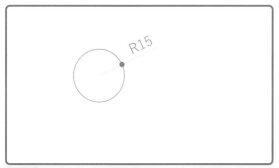

準備 「中心、半径」を実行

❷クリック
❶確認

❶ プロンプトに<u>円の中心を指定</u>と表示されている
　ことを確認
❷ 円の中心をクリック

❹半径を入力 15
❺ Enter
❸確認

❸ プロンプトに<u>円の半径を指定</u>と表示されている
　ことを確認
❹ 半径<u>15</u>を入力
❺ Enter で終了

2. 2つの図形に接する円を描こう

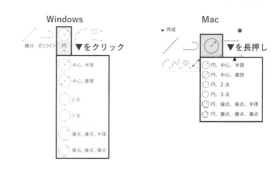

準備 「接点、接点、半径」を実行

❶クリック

❶ 1つ目の円をクリック

❷クリック

❷ 2つ目の円をクリック

❸半径を入力 8
❹ Enter

❸ 半径<u>8</u>を入力
❹ Enter で終了

6 円弧を描こう

「円弧」で円弧を描こう。
様々な方法で描くコマンドがあるので、描きたい円弧によってコマンドを選ぼう。

| コマンド実行 | → | 円弧上の位置や中心などを指定して作図 | → | コマンド終了 |

Windows   Mac
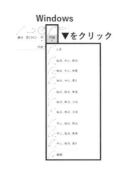 ▼をクリック    ▼を長押し

1. 始点・中心・終点を指定して描こう

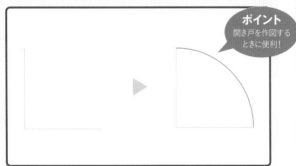

ポイント
開き戸を作図するときに便利!

準備 「始点、中心、終点」を実行
オブジェクトスナップ 端点 をオン

❶クリック

ポイント
反時計回りになるように始点と終点を指定しよう

❶始点をクリック

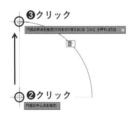

❸クリック

❷クリック

❷中心点をクリック
❸終点をクリック

円弧の角度

円弧を作図するときや、角度を指定するときは作図の向きに注意しよう。
反時計回り | 正の値
時計回り | 負の値

2. 始点・中心・角度を指定して描こう

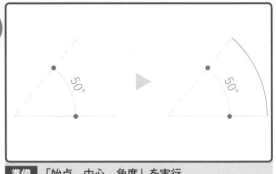

50°

準備 「始点、中心、角度」を実行
オブジェクトスナップ 端点 をオン

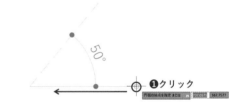

50°
❶クリック

❶始点をクリック

50°
❷クリック

❷中心点をクリック

ポイント
作図の向きに注意しよう!
角度を正の値で指定すると、反時計周りに作図される

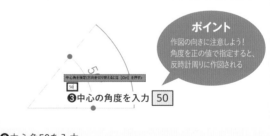

❸中心の角度を入力 50

❸中心角50を入力

7 二重線を描こう

「マルチライン」では、二重線を描けるため、壁などを効率的に作図できる。
初期設定ではリボンやパネルにアイコンがないため、メニューから実行しよう。

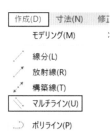

マルチラインの注意点

マルチラインで作図した線は自動的に2本の線がグループになっている。個別に編集、他のCADにエクスポートしたいときは、「分解」で1本ずつの線に分解しよう。分解の詳細は35ページを参照。

1. 閉じた二重線を描こう

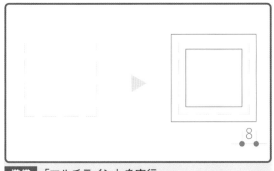

準備 「マルチライン」を実行
オブジェクトスナップ 端点 をオン

❶↓でオプションを表示　❷位置合わせ（J）を選択

❸位置合わせタイプ ゼロ を選択

❹↓でオプションを表示　❺尺度（S）を選択

❻尺度 8 を入力

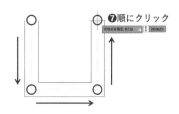

❼頂点を順にクリック

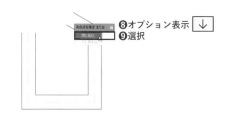

❽↓でオプションを表示
❾閉じるを選択して終了

マルチラインの位置合わせオプション

位置合わせの設定と作図方向によって、マルチラインの作図結果が変わるため注意しよう。

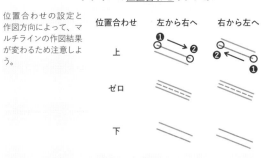

8 ハッチングで塗り潰そう

「ハッチング」は、色や模様（パターン）を使って、閉じた領域を塗り潰す機能である。タイルやフローリングなどを表現するときに使う。

Windows / Mac

線分 ポリライン 円 円弧 作成 ▼ / ハッチング

```
コマンド → ハッチングの → ハッチングの → コマンド
実行      詳細を設定     範囲を指定     終了
```

オリジナルのハッチングのパターンを作りたいときは

フローリングやタイルの正確な寸法を指定してオリジナルのハッチングパターンを作りたいときは、ハッチングのタイプ「ユーザ定義」を使って設定しよう。

---

1. 模様（パターン）で塗り潰そう

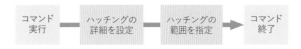

準備　「ハッチング」を実行

Windows

❷ハッチングのタイプを選択
❸色を選択
❶選択
❹パターンを選択

Mac

❷ハッチングのタイプを選択
❸色を選択
❶選択
❹パターンを選択

❶点をクリックを選択
❷ハッチングのタイプでパターンを選択
❸好きな色を選択
❹好きなパターンを選択

❺クリック
❻Enter

❺ハッチングしたい領域の内側の点をクリック
❻Enter で終了

---

2. ハッチングの設定を変更しよう

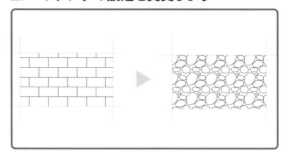

❶選択

❶設定するハッチングをクリックして選択

❷選択
❸選択

❷変更したいハッチングのタイプや色を選択
❸好きなパターンを選択

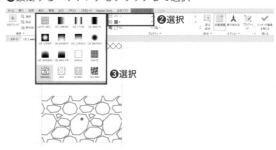

❹尺度を調整
❺Enter
❻✔をクリック

ポイント
Macでは
ⓧをクリック

❹尺度0.5に調整して大きさを変更　❺Enter で確認
❻【win】✔をクリックして終了
　【mac】ⓧをクリックして終了

9 画像を読み込もう

● 1_2_9_gazo.png

「アタッチ」は、画像を図面に挿入してレイアウトできる。
模型や敷地の写真、手書きパースやイラスト、3DCG画像
などを図面にレイアウトする場合に使用する。

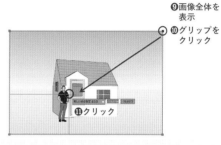

「挿入→アタッチ」

「ツールバー→アタッチ」

コマンド実行 → 読み込むファイルを選択 → 位置や大きさ等を調整 → コマンド終了

1. 画像をアタッチしよう

準備 「アタッチ」を実行

❶読み込むファイルのある場所（フォルダ）を選択
❷読み込む画像ファイル 1_2_9_gazo.png を選択
❸開くをクリック

❹パスの種類 を相対パスに設定
❺尺度の画面上で指定のチェックを外して1を入力
❻挿入位置の画面上で指定にチェック
❼OKをクリック

❽クリック

❽画像の左下の位置をクリック
　大きさの調整が必要であれば次の操作に進む

❾画像全体を表示
❿グリップをクリック

⓫クリック

❾画面を調整して画像全体を画面に表示する
❿画像の左上頂点のグリップ（青い四角）をクリック
⓫画像の左上の新しい位置をクリック

画像の枠を非表示にするには

初期設定で表示されている画像の枠は、設定を変更すれば非表示にできる。

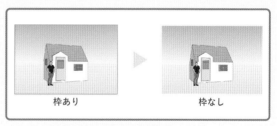

枠あり　　枠なし

❶選択

❷入力してEnter

❶画像を選択
❷コマンドラインにIMAGEFRAMEと入力してEnterを押す

❸入力してEnter

❸0を入力してEnterを押す

1 削除しよう

● 1_3_1_shusei.dwg

図形を削除するには、さまざまな方法がある。
ここでは Delete を使って選択した図形を削除しよう。

1. 図形を指定して削除しよう

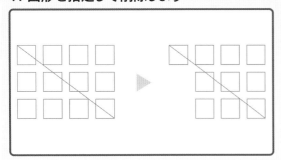

❶クリックして
順に選択

❶削除する図形を順にクリックして選択

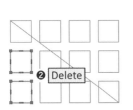

❷ Delete

❷ Delete で選択図形を削除

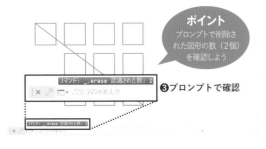

ポイント
プロンプトで削除された図形の数（2個）を確認しよう

❸プロンプトで確認

2. 窓選択で範囲を指定して削除しよう

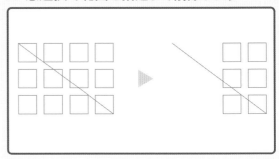

❶窓選択（左から右へ）

❶削除する図形を囲むように窓選択（左から右へ）

❷ Delete

❷ Delete で選択図形を削除

交差選択を使って削除してみよう

❶で、右から左へ削除する図形を囲んで交差選択すると、指定した範囲と交差する図形を削除できる。

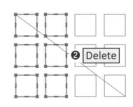

❶交差選択
（右から左へ）

❷ Delete

2 移動しよう

「移動」で、図形を選択して移動しよう。

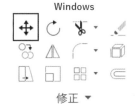
Windows

Mac

修正 ▼

```
コマンド      図形      基点      目的点
実行   →   選択   →   指定   →   指定
```

1. クリックして図形を移動しよう

| 準備 | 「移動」を実行・オブジェクトスナップ<u>端点</u> |

❶移動する図形を選択
❷ Enter で選択を確定

> **ポイント**
> 基点は「どの点をつかんで移動するか」を考えるとイメージしやすい！

❸基点（移動の基準点）をクリックして指定

❹目的点（移動先）をクリックして指定

2. 座標値を指定して移動しよう

| 準備 | 「移動」を実行・オブジェクトスナップ<u>端点</u> |

❶移動する図形を選択
❷ Enter で選択を確定

❸基点（移動の基準点）をクリックして指定

> **ポイント**
> 相対座標の詳細は2.2.3を参照

❹目的点の相対座標を入力
```
150  ,  100  Enter
```

❹目的点（移動先）の相対座標（X・Y方向の移動距離）
<u>150,100</u>を入力して、 Enter で目的点を指定

3 コピーしよう（複写）

「複写」で、図形をコピーしよう。
コマンドを終了するまで、連続して複写できる。

Windows
Mac

修正 ▼

コマンド実行 → 図形選択 → 基点指定 → 複写先指定 → コマンド終了

1. クリックして図形を複写しよう

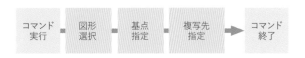

| 準備 | 「複写」を実行・オブジェクトスナップ端点 |

❶複写する図形を選択
❷ [Enter] で選択を確定

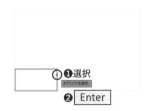

❸基点（複写の基準点）をクリックして指定

ポイント
さらに複写先を指定すると連続複写できる！

❹2点目（複写先）をクリックして指定
❺ [Enter] でコマンド終了

2. 座標値を指定して複写しよう

| 準備 | 「複写」を実行・オブジェクトスナップ端点 |

❶複写する図形を選択
❷ [Enter] で選択を確定

❸基点（複写の基準点）をクリックして指定

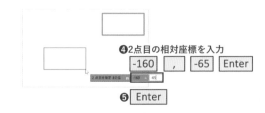

❹2点目（複写先）の相対座標（X・Y方向の移動距離）
-160,-65を入力して、[Enter] で2点目を指定
❺ [Enter] でコマンド終了

4 回転しよう

「回転」で、図形を回転しよう。
コピーオプションを使うと、回転コピーもできる。

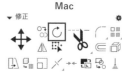

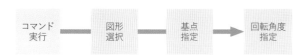

1. 角度を指定して回転しよう

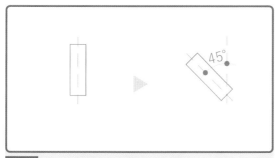

準備	「回転」を実行・オブジェクトスナップ中点

❶回転する図形を選択
❷ Enter で選択を確定

❸基点（回転の基準点）をクリックして指定

ポイント
角度指定の前にコピーオプションを使うと回転コピーできる

❹回転角度45を指定

2. 他の図形に合わせて回転しよう

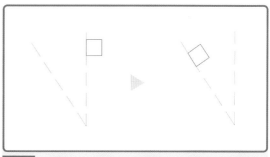

準備	「回転」を実行・オブジェクトスナップ端点

❶回転する図形を選択　❷ Enter で選択を確定
❸基点（回転の基準点）をクリックして指定

❹↓でオプションを表示　❺参照を選択

❻参照する角度の1点目をクリックして指定
❼参照する角度の2点目をクリックして指定
❽新しい角度の端点をクリックして指定

5 反転しよう（鏡像）

「鏡像」で、図形を鏡像（反転）しよう。最後に表示されるオプションを使うと、元の図形を消去する（鏡像）もしくは残す（鏡像コピー）を選択できる。

Windows

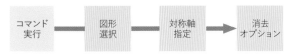

修正 ▼

Mac

▼ 修正

コマンド実行 → 図形選択 → 対称軸指定 → 消去オプション

1. 図形を反転してコピーしよう

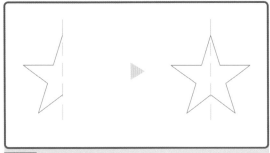

準備 「鏡像」を実行・オブジェクトスナップ端点

❶選択
オブジェクトを選択
❷ Enter

❶ 鏡像する図形を選択
❷ Enter で選択を確定

❸対称軸の1点目をクリック
❹対称軸の2点目をクリック

❸ 鏡像の対称軸の1点目をクリック
❹ 鏡像の対称軸の2点目をクリック

ポイント
はい　鏡像
いいえ　鏡像コピー

❹元のオブジェクトの消去に関する選択

❺ 元のオブジェクトの消去に関するオプションいいえを選択

操作方法がわからないときは

AutoCADを使っているときに操作方法がわからないときは、ヘルプを見て、操作方法を確認したり、コマンドを探そう。

❶クリック

❶「ヘルプ」を実行

❷キーワード入力

❷キーワードを入力

❸クリック

❸確認したい見出しをクリック

❹確認

❹内容を確認

元のオブジェクトの消去に選択による結果の違い

はい（鏡像）　　　　　いいえ（鏡像コピー）

6 オフセットしよう

「オフセット」は、指定した間隔で図形を平行にコピーできる。通り芯を描くときに便利。円や円弧をオフセットすると、同心円を描ける。

Windows
Mac

| コマンド実行 | ▪ | 距離入力 | ▪ | 図形選択 | ▪ | オフセット方向の指定 | ➡ | コマンド終了 |

1. オフセットしよう

準備 「オフセット」を実行

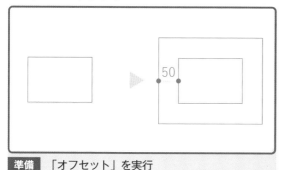

❶オフセット距離50を入力

❷オフセットする図形を選択

❸オフセットする側でクリックして方向を指定
❹ Enter で終了

2. 一括で連続してオフセットしよう

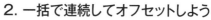

準備 「オフセット」を実行

❶オフセット距離90を入力

❷オフセットする図形を選択
❸ ↓ でオプションを表示　❹ 一括を選択

❺オフセットする側で連続してクリックして一括してオフセット
❻ Enter で終了

7 切り取り・延長しよう

「トリム」「延長」で、図形の不要な部分を切り取ったり、足りない部分を延長して、調整しよう。

Windows　　　Mac

▼をクリック
✂ トリム
⎯→ 延長

▼を長押し
✂ トリム
⎯→ 延長

コマンド実行　→　切り取る部分・延長する部分を選択　→　コマンド終了

「トリム」「延長」を効率よく切り替えるには？
一方のコマンド実行中に Shift を押すと、もう一方のコマンドに一時的に切り替えることができて便利。

1. 不要な部分をトリムしよう

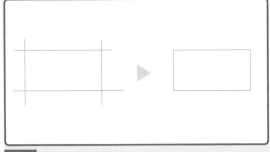

準備 「トリム」を実行

❶切り取る部分を選択

❶切り取る部分にカーソルを近づけて
切り取りたい部分が灰色になったらクリックで選択

❷続けて選択

❷連続して切り取るときは、続けてクリックして選択

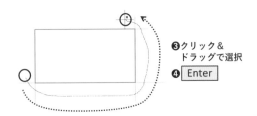

❸クリック＆ドラッグで選択
❹ Enter

❸切り取る線の上をクリック＆ドラッグして選択
❹ Enter で終了

2. 足りない部分を延長しよう

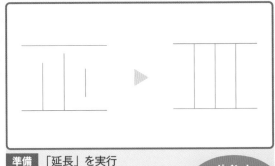

準備 「延長」を実行

ポイント
延長したい頂点に近い位置でクリックして選択しよう

❶延長する部分を選択

❶延長する部分にカーソルを近づけて
延長したい部分が仮表示されたらクリックで選択

❷続けて選択

❷連続して延長するときは、続けてクリックして選択

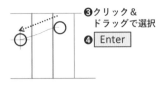

❸クリック＆ドラッグで選択
❹ Enter

❸延長する線の上をクリック＆ドラッグして選択
❹ Enter で終了

8 角を丸める・角を取る

「フィレット」「面取り」で、角を取ったり、丸めよう。

Windows　　　　　　　Mac

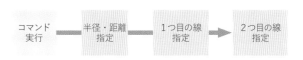

| コマンド実行 | → | 半径・距離指定 | → | 1つ目の線指定 | → | 2つ目の線指定 |

1. 角を丸めよう（フィレット）

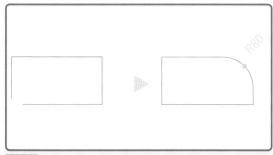

準備 「フィレット」を実行

❶オプション表示 ↓
❷選択

❶ ↓ でオプションを表示　❷ 半径を選択

❸半径を入力 80

❸半径80を入力

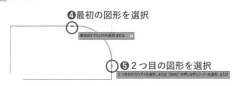

❹最初の図形を選択
❺2つ目の図形を選択

❹最初の1つ目の図形を選択
❺2つ目の図形を選択すると指定した半径で角が丸められた

やってみよう！「フィレット」「面取り」で角を作る方法

「フィレット」もしくは「面取り」を実行後、2つ目の図形を選択するときに Shift を押すと、離れている線分をもとに角を作れて便利。
例）「フィレット」を使って角を作る場合
❶最初の1つ目の図形を選択　❷ Shift を押しながら2つ目の図形を選択

❶最初の図形を選択
❷ Shift を押しながら2つ目の図形を選択

2. 角を面取りしよう

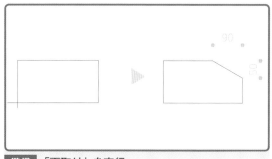

準備 「面取り」を実行

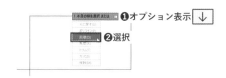

❶オプション表示 ↓
❷選択

❶ ↓ でオプションを表示
❷距離を選択

❸距離を入力 90

❸1本目の面取り距離90を入力

❹距離を入力 50

❹2本目の面取り距離50を入力

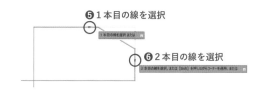

❺1本目の線を選択
❻2本目の線を選択

❺1本目の線を選択
❻2本目の線を選択
　指定した距離で角が面取りされた

9 伸縮・拡大縮小しよう

「ストレッチ」で一方向に伸縮しよう。「尺度変更」
を使うと、XYの両方向に拡大縮小できる。

Windows　　　　Mac

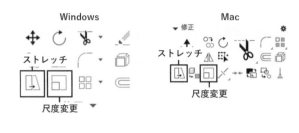

コマンド実行 → 図形選択 → 基点指定 → 目的点指定・尺度指定

1. ストレッチしよう

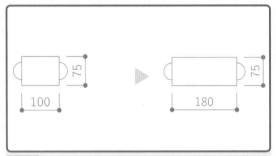

準備 「ストレッチ」を実行・オブジェクトスナップ端点

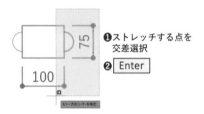

❶ストレッチする点を
交差選択
❷ Enter

❶ストレッチする点を交差選択
❷ Enter で選択を確定

❸基点を指定

❸基点（伸縮の基準点）を指定

ポイント
水平・垂直に伸縮する場合は直交モードをオンにしよう

❹移動距離を入力

❹移動距離80を入力して
目的点（伸縮先の点）を指定

2. 尺度変更しよう

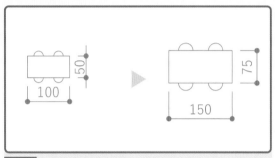

準備 「尺度変更」を実行・オブジェクトスナップ図心

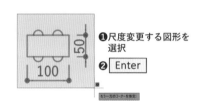

❶尺度変更する図形を
選択
❷ Enter

❶尺度変更する図形を選択
❷ Enter で選択を確定

ポイント
オブジェクトスナップ図心を使って机の中央を指定しよう

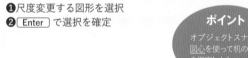

❸基点を指定

❸基点（尺度変更の基準点）を指定

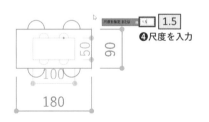

❹尺度を入力

❹尺度1.5を入力

10 分解・結合しよう

「分解」で、まとまった図形を1つ1つの線分などに分解しよう。
「結合」は、離れた図形をつなげて1つの図形に結合できる。

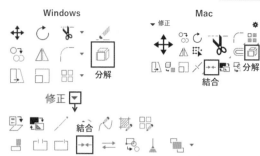

1. 図形を分解しよう

準備 「分解」を実行

ポイント
2つの長方形が一度に選択され1つにまとまっていることがわかる

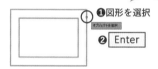

❶図形を選択
❷ Enter

❶分解する図形を選択
❷ Enter で選択を確定

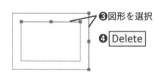

❸図形を選択
❹ Delete

❸2つの線分を選択
❹ Delete で削除

「分解」で何を分解できる?

「マルチライン」で描いた二重線や、「長方形」で描いた四角形を、各線分に分解することができる。

2. 線を結合しよう

準備 「結合」を実行

❶図形を選択

❶結合する元の図形を選択

❷結合する図形を選択
❸ Enter

❷❶の図形に結合する図形を選択
❸ Enter で確定

11 グリップで形を修正しよう

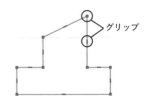
グリップ

「グリップ」とは、図形を選択したときに頂点などに表示される四角形である。
グリップを使って形を細かく修正しよう。

1. 頂点の位置を修正しよう

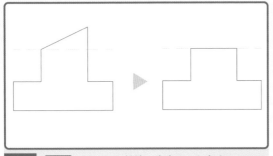

準備 [ESC]でコマンド解除・直交モードをオン

❶図形を選択

❶修正したい図形を選択

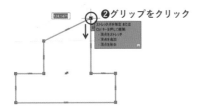

❷グリップをクリック

❷頂点のグリップをクリック

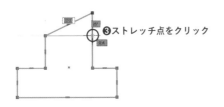

❸ストレッチ点をクリック

❸ストレッチ点（グリップの移動先）をクリック

2. 辺の位置を修正しよう

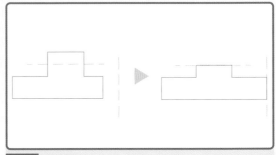

準備 [ESC]でコマンド解除・直交モードをオン

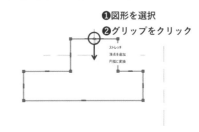

❶図形を選択
❷グリップをクリック

❶修正したい図形を選択
❷辺のグリップをクリック

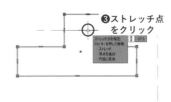

❸ストレッチ点をクリック

❸ストレッチ点（グリップの移動先）をクリック

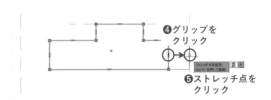

❹グリップをクリック
❺ストレッチ点をクリック

❹辺のグリップをクリック
❺ストレッチ点（グリップの移動先）をクリック

1 文字パネルを確認しよう

文字を書くときには、文字パネルを使用し、フォントなどの詳細な設定は文字スタイル管理パネルを使う。

文字化けが起こったときは

WindowsとMac間でファイルを受け渡しすると、フォント互換の問題で、よく文字化けが発生する。
その時は、ファイルを読み込んだ後、文字スタイル管理パネルで自分のOSに合ったフォントに変更しよう。
Windowsでは游ゴシック、MacではOsakaにフォントを変更すると動作が安定する。
フォントを変更する方法の詳細は、39ページ参照。

【Windows】

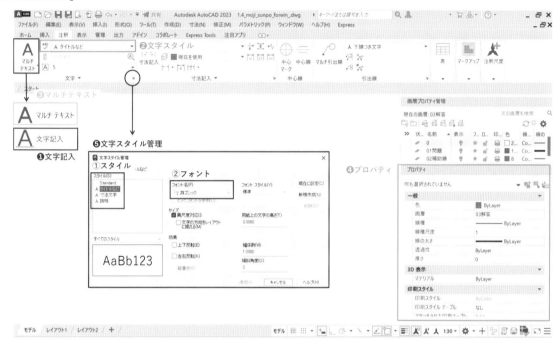

【Mac】

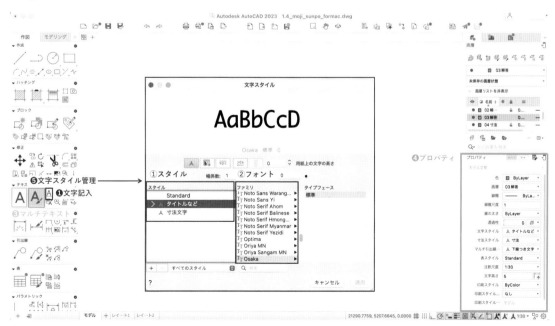

2 文字を書こう

● 1_4_2_moji_sunpo.dwg

文字を書くには「文字記入」と「マルチテキスト」を使う。
1行のシンプルな文字を書くときは「文字記入」、長い文章
を複数行で書いたり装飾するときは「マルチテキスト」を
使うと良い。

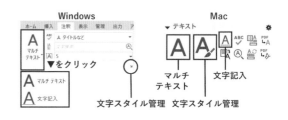

1. 1 行の文字を書こう

| 準備 | 「文字記入」を実行・オブジェクトスナップ図心 |

❶↓ でオプションを表示
❷位置合わせを選択

❸位置合わせオプション中央を指定

❹文字列の基準位置（四角形の中心）をクリック

❺文字の高さ2を入力

❻文字の角度0を入力

❼文字内容平面図を入力
❽ Enter で改行　❾ 再度 Enter 押して終了

❿文字を選択
⓫プロパティパネルの文字スタイルでタイトルなどを設定

2. 複数行の文字を書こう

準備	「マルチテキスト」を実行
	オブジェクトスナップ <u>端点</u>

文字スタイルのフォントを変えてみよう

<u>文字スタイル管理</u>パネルの<u>フォント名</u>で使用するフォントを設定できる。
文字スタイル <u>タイトル</u>などのフォントを変更して、設定が反映されることを確認してみよう。

❶最初のコーナー（文字を入力する範囲の対角1点）をクリック

❼位置合わせを<u>左上</u>に指定

❷↓ でオプションを表示
❸<u>高さ</u>を選択

❽もう一方のコーナー（❶の対角）をクリック

❹文字の高さ<u>1</u>を入力

❾文字内容を入力
❿画面の何もない場所をクリック（＝空クリック）して終了

❺↓ でオプションを表示
❻位置合わせを選択

⓫文字を選択
⓬<u>プロパティ</u>パネルの<u>文字スタイル</u>で<u>タイトル</u>などを設定

3 寸法パネルを確認しよう

寸法を書くときには、寸法記入パネルを使用する。
引出線の長さなどの詳細な設定は 寸法スタイル管理パネルを使う。

【Windows】

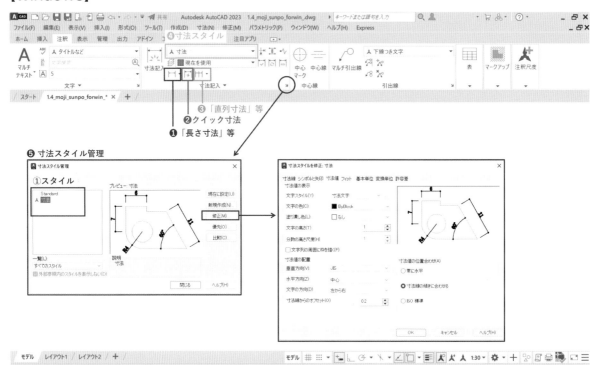

❹ 寸法スタイル
❸「直列寸法」等
❷ クイック寸法
❶「長さ寸法」等

❺ 寸法スタイル管理

【Mac】

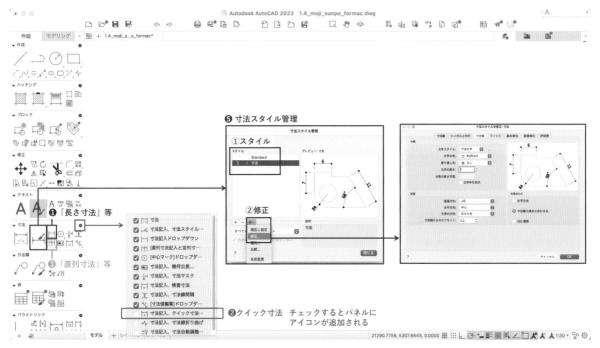

❺ 寸法スタイル管理
①スタイル
②修正
❶「長さ寸法」等
❸「直列寸法」等
❷クイック寸法　チェックするとパネルに
アイコンが追加される

4 寸法を書こう

長さや角度など、さまざまな寸法を書ける。
書きたい寸法によって、使用するコマンドを使い分けよう。

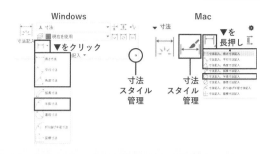

Windows　　　　　　　　Mac

1. 水平・垂直の長さを示す寸法を書こう

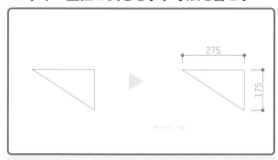

| 準備 | 「長さ寸法」を実行
オブジェクトスナップ 端点 |

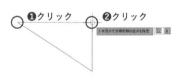

❶寸法を作図する長さの1点目をクリック
❷2点目をクリック

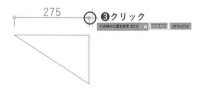

❸寸法線を作図する位置をクリック

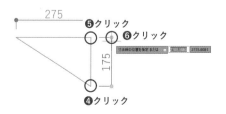

❹❺❻ ❶～❸と同様に作図

2. 斜め方向の長さを示す寸法を書こう

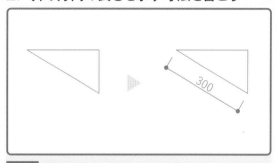

| 準備 | 「平行寸法」を実行
オブジェクトスナップ 端点 |

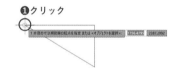

❶寸法を作図する長さの1点目をクリック

❷2点目をクリック

❸寸法線を作図する位置をクリック

3. 角度を示す寸法を書こう

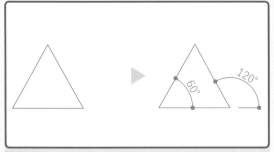

| 準備 | 「角度寸法」を実行 |

❶寸法を作図したい角を構成する線をクリック

❷寸法を作図したい角を構成する2本目の線をクリック

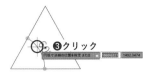

❸寸法線を作図する位置をクリック

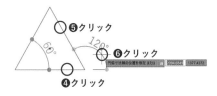

❹❺❻ ❶～❸と同様に作図

4. 円の半径を示す寸法を書こう

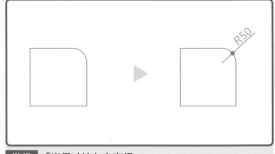

| 準備 | 「半径寸法」を実行 |

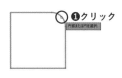

❶寸法を書く円弧をクリック

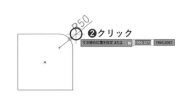

❷寸法線を作図する位置をクリック

寸法スタイルの設定を変えてみよう

寸法スタイル管理パネルでは、詳細な設定を変更できる。
たとえば、シンボルと矢印タブの矢印のサイズの設定を変更して、設定が反映されることを確認してみよう。

5 効率良く美しく寸法を書こう

Windows

Mac

▼をクリック

クイック
寸法

▼を長押し

クイック
寸法

1. 直列で寸法を書こう

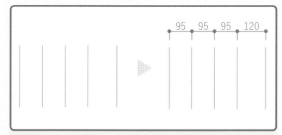

準備 オブジェクトスナップ端点

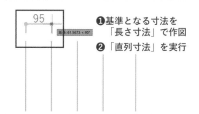

❶基準となる寸法を
「長さ寸法」で作図
❷「直列寸法」を実行

❶基準となる寸法を「長さ寸法」等で作図
❷「直列寸法」を実行

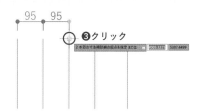

❸クリック

❸寸法を作図したい次の線をクリック

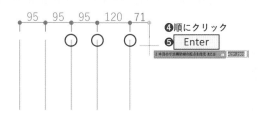

❹順にクリック
❺ Enter

❹寸法を作図したい線を順にクリック
❺ Enter で終了

既に作図した寸法を基準として直接寸法を書きたいときは

「直列寸法」を実行した後、選択
オプションを使用して、基準にし
たい寸法を選択しよう。

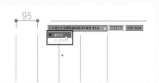

2. 複数の寸法を一度に書こう

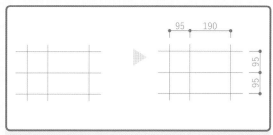

準備 「クイック寸法」を実行

❶寸法を書きたい線を
交差選択
❷ Enter

❶寸法を書きたい線をすべて交差選択
❷ Enter で選択を確定

❸クリック

❸寸法線を作図する位置をクリック
❹Y方向も同様に寸法を作図

寸法の文字を移動したいときは

寸法の文字（寸法値）は、寸法を作図した時に自動的に配置されるため、思った位
置からずれることがある。位置を微調整したいときは、寸法文字や寸法線に表示され
るグリップを使って調整できる。

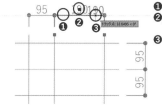

❶寸法を選択
❷寸法値のグリップを
クリック
❸寸法線上で移動先を
クリック

6 画層（レイヤー）とは

● 1_5_1_gasou.dwg

情報を重ね合わせて表示するための透明なシートのことを画層もしくはレイヤーと呼ぶ。

画層（レイヤー）の特徴
・図形や文字をグループ分けし、画層に分けて作図することで効率的に作業ができる
・作図された図形は必ずいずれかの画層に属する
・画層を分けておくことで、必要な画層のみを表示して作業したり印刷したり、コントロールすることができる

AutoCADでは、画層の操作を画層プロパティパネルで行う。

壁レイヤー　　扉レイヤー　　家具レイヤー

【Windows】

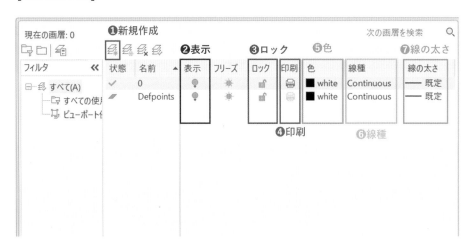

【Mac】

Macで印刷を表示するには？

Macの画層パネルの初期設定では、印刷が表示されていない。次の操作をして表示しておこう。

❶タイトル部分で右クリック

❷チェック

1. 画層の表示・ロックを切り替えよう

	Win	Mac
表示		
非表示		❶レイヤ0の表示を切り替える
ロック		
解除		❷レイヤ0のロックを切り替える

❶画層0を選択して、表示非表示を切り替える
❷画層0を選択して、ロックを切り替える

2. 画層の色を変更しよう

Win　　　　Mac
❶クリックして変更

❶画層0の色をクリックして好きな色に変更
❷画層0のすべての図形の色が変わったことを確認

3. 特定の図形だけ色を変更しよう

❶図形を選択　　❷色を変更

❶色を変えたい図形（机）をクリックして選択
❷プロパティパネルの色で好きな色に変更
❸ ❶で選択した図形だけ色が変わったことを確認

4. 画層を新規に作成しよう

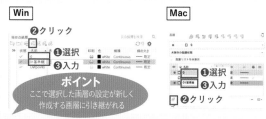

Win　　　　Mac
❷クリック　❶選択　❸入力

ポイント
ここで選択した画層の設定が新しく
作成する画層に引き継がれる

❶参考にする画層0を選択　❷新規作成 をクリック
❸新しい画層の名前01基準線を入力

やってみよう
次の合計7つの画層を作成して、色を設定しよう。
01基準線：8（灰色）　02断面線：red　03建具：green　04家具：cyan
05文字寸法：green　06その他：magenta　07図面枠：blue

5. これから描く図形の画層を設定しよう

❶画層の名前をダブルクリック

❶これから描く図形を分類したい画層の名前を
ダブルクリック（Macはシングルクリック）

ポイント
この後作図された図形はすべて、❶で設定した画層に分類される

6. 図形の画層を変更しよう

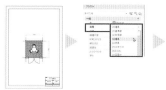

❶図形を選択　　❷画層を変更

❶画層を変更する図形を選択
❷プロパティパネルで分類したい画層に変更

やってみよう
今の図面はすべての図形が画層0に分類されているため、各図形の意味を考えて、正しい画層に変更しよう。
たとえば、机や椅子は04家具、図面枠は07図面枠の画層に変更しよう。

7. 画層の線の太さを変更しよう

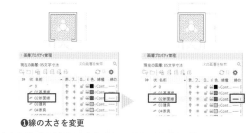

❶線の太さを変更

❶線の太さを変更する画層02断面線を選択
❷線の太さを0.3mmに変更

やってみよう
02断面線以外の画層の線の太さを0.09mmに設定しよう。

8. 画層の線種を変更しよう

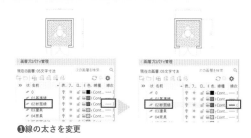

❶線の太さを変更

❶線種を変更する画層01基準線を選択
❷線種をCENTERに変更

1 画面を整えよう

本書で使用するSketchUp Proの画面構成を確認し、
よく使うツールやダイアログの位置を確認しよう。
作業内容に応じて、必要なツールやダイアログを表
示して整えると、効率よく作業できる。

Pro以外のSketchUpを使っている場合
SketchUp FreeやSketchUp Makeなど、Pro以外のSketchUpを使っている
場合でも、本書で学ぶ内容の大半を同様に学習できる。ただ、Proとは画面
構成が異なるため、ここで違いを確認しておこう。

1. SketchUp の画面構成

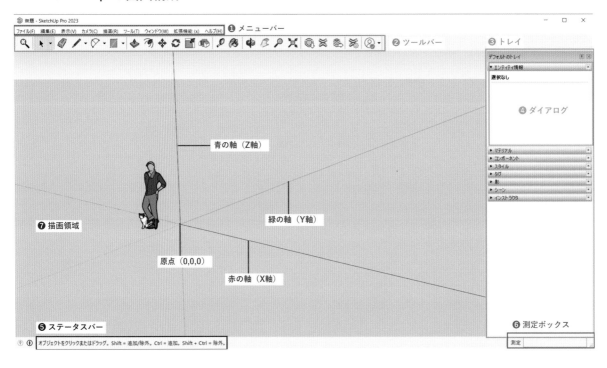

	名称	説明
❶	メニューバー	すべてのコマンドを実行できる
❷	ツールバー	コマンドがアイコンで表示されている 初期設定ではツールバー基本のみが表示されている
❸	トレイ	各種ダイアログを格納している
❹	ダイアログ	スタイル、マテリアルなどの詳細な設定ができる 初期設定ではデフォルトのトレイに格納されたダイアログが表示されている
❺	ステータスバー	実行中のコマンドの操作に関するヒントが表示される
❻	測定ボックス	作図するときに、寸法などの数値を入力する
❼	描画領域	モデルを作成、表示する領域である 起動直後は、大きさを把握や位置を把握できるように、シンプルな人物が表示されるが、不要 であれば削除してもよい

ポイント
正確にモデルを作るため
に、とても重要な測定ボッ
クス！名前を覚えよう！

2. ツールバーを表示する

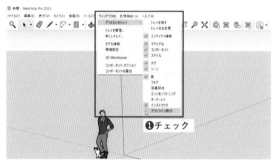

❶クリック

❷チェック　❸クリック

❶「表示→ツールバー」をクリック
❷表示したいツールバーにチェック
❸閉じるをクリック

ラージツールセット

ラージツールセットにチェックすると、よく使うツールバーを画面の左側に常に表示できて便利。一度使ってみよう。

❶チェック

やってみよう
ビューツールバーを表示・非表示してみよう。

3. ダイアログを表示・非表示にする

❶チェック

❶「ウィンドウ→デフォルトのトレイ」で、表示するダイアログにチェックし、非表示にするダイアログのチェックを外す

やってみよう
よく使う次の4つのダイアログを表示しよう。
エンティティ情報・マテリアル・スタイル・タグ

4. 作業の単位を確認・設定する

❶クリック

❹クリック

❷クリック　❸設定

❶「ウィンドウ→モデル情報」をクリック
❷単位をクリック
❸長さをミリメートル、面積を メートル^2、体積を メートル^{3}に設定
❹×をクリックして閉じる

5. ショートカットキー

ショートカットキーを覚えておくと、効率よく作業することができる。キーボードの赤枠で囲われたショートカットキーは使用頻度が高いので覚えておくとよい。

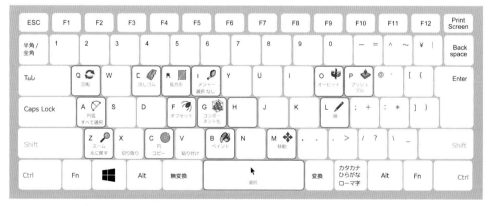

 ズーム
 オービット
 パン

ホイールを回転　ホイールをドラッグ　Shift + ホイールをドラッグ

2 ファイルを操作しよう

ファイルの作成、保存の操作をマスターしよう。

1. 新しいファイルを作る

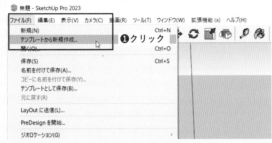

❶「ファイル→テンプレートから新規作成」をクリック

どのテンプレートを選ぶ？
選択するテンプレートによって、描画領域に表示される内容や作業環境の設定が異なる。作業内容に応じて、適切なテンプレートを選ぶと良い。建築の3Dモデルを作成する場合は、建築図面表記ミリメートルを選ぼう。

❷建築図面表記ミリメートルをクリック

2. ファイルを開く

方法a：SketchUpへようこそ 画面を使う

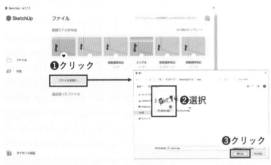

❶ファイルを開くをクリック ❷ 開きたいファイルを選択
❸開くをクリック

方法b：「開く」を使う

❶ファイルを開くをクリック ❷ 開きたいファイルを選択
❸開くをクリック

3. 名前を付けて保存する

❶「ファイル→名前を付けて保存」をクリック

ポイント
古いSketchUpの形式で保存したいときは、ここでファイルバージョンを指定して保存しよう

❷保存するフォルダを選択 ❸ファイル名を入力
❹ファイルの種類を選択（SketchUp モデル（*.skp）等）

❺ 保存をクリック

上書き保存したいときは？
「ファイル→保存」で上書き保存できる。作業内容を失わないよう、作業中はこまめに上書き保存する習慣を身につけよう。

バックアップファイルについて
SketchUpでファイルを2回目以降に保存したとき、同じフォルダに自動的にバックアップファイルが作られる。作業中のSKPファイルが破損して開けなくなったとき、バックアップファイルから作業内容の一部を復元できる。
バックアップファイルの種類
　Windows：拡張子「*.skb」ファイル
　Mac：ファイル名の最後に「~」がついたファイル
Windowsの場合、拡張子をskbからskpに変更するとSketchUpで開くことができる。

異なるバージョンのSketchUpでファイルを共有するときの注意点
古いSketchUpで作成されたSKPファイルを新しいSketchUpで開くと、右図のメッセージが表示されることがある。そのままOKを押すと開ける。
新しいSketchUpで作成されたSKPファイルを古いSketchUpで開くと、右図のメッセージが表示されて開けない。一旦、新しいSketchUpで開いて「名前を付けて保存」で古いバージョンのファイルで保存し直した後、古いSketchUpで再度開こう。

古いファイルを新しいSketchUpで開いた場合

新しいファイルを古いSketchUpで開いた場合

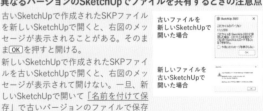

3 画面の表示を操作しよう

画面の表示操作をマスターしよう。ここでは、ホイールマウスを使用する方法を中心に説明する。

● 2_1_3_kihon.skp

ツールバーを使用	ホイールマウスの ホイールボタンを使用	メニューバーを使用	ショートカット
オービット（旋回）	ドラッグ	「カメラ→オービット」	O
パン表示（移動）	shift ＋ドラッグ	「カメラ→パン表示」	H
ズーム（拡大縮小）	ズームイン：奥に回転 ズームアウト：手前に回転	「カメラ→ズーム」	Z オービット＋ shift
全体表示	－	「カメラ→全体表示」	Ctrl ＋ shift ＋ E

1.「オービット」で違う方向から見よう

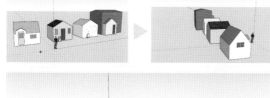

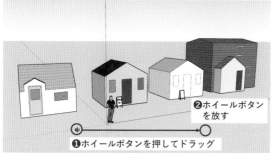

❷ホイールボタン
を放す

❶ホイールボタンを押してドラッグ

❶ホイールボタンを押して描画領域内でドラッグ
❷ホイールボタンを放す

2.「パン表示」で画面を移動しよう

❷キーとボタンを
放す

❶ Shift ＋ホイールボタンを
押してドラッグ

❶ shift ＋ホイールボタンを押して描画領域内でドラッグ
❷キーとホイールボタンを放す

3.「ズーム」で拡大しよう

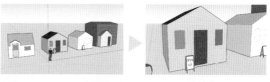

❶拡大したい位置に
マウスポインタを移動
❷ホイールを奥に回転して
拡大

❶拡大したい位置にマウスポインタを移動
❷ホイールを奥に回転して拡大

4. すべての図形全体を表示しよう

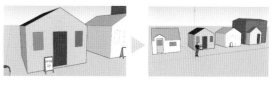

❶全体表示をクリック

❶全体表示をクリック

4 図形を選択・解除しよう

図形を編集するときは、まず図形を選択する操作が必要。的確に図形を選択できるように練習しよう。

説明	操作	ショートカット
すべての図形を選択	「編集→すべて選択」	Ctrl + A
すべての選択を解除	「編集→選択 なし」	Ctrl + T
選択	「ツール→選択」	space
マウスクリックで選択　1つの図形を選択	シングルクリック（1回クリック）	—
隣接する図形を選択	ダブルクリック　（2回クリック）	—
連続する図形を選択	トリプルクリック（3回クリック）	—
選択図形の追加と除外	shift +クリック	—

1. すべての図形を選択・解除しよう

❶「編集→すべて選択」をクリック
　すべての図形が選択されて青色で表示される

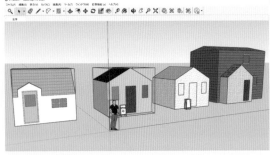

❷「編集→選択 なし」をクリック
　すべての図形の選択が解除されて青色表示が消える

空（から）クリックによる選択解除

図形の選択を解除するときには、図形が何もない描画領域でクリックしても解除できる。

この操作を空（から）クリックと呼ぶ。SketchUp以外のソフトでもよく使われるので覚えておこう。

2. マウスクリックで図形を選択しよう

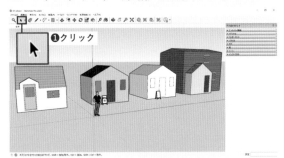

❶クリック

❶「選択」をクリック

❷1回クリック

❷選択したい図形を1回クリック（シングルクリック）

ポイント
クリックした位置にあるドアだけが選択された

❸クリック位置上の図形が選択されたことを確認
❹選択を解除

シングルクリックで複数の図形が選択されてしまうときは？

1回しかクリックしていないのに、複数の図形が一度に選択されるのは、グループ化された図形を選択しているときである。
グループに関する詳しい説明と操作は、56ページを参照しよう。グループ化されている図形は、他の図形と選択操作が異なるので注意が必要である。
・シングルクリック（1回クリック）：グループ全体が選択される
・ダブルクリック（2回クリック）：グループ内に入って、編集できる状態になる

シングルクリックしたとき　　　　ダブルクリックしたとき

3. 選択を追加・除外しよう

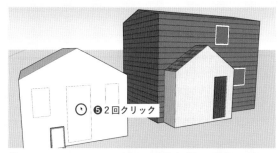

❺選択したい図形を2回クリック（ダブルクリック）

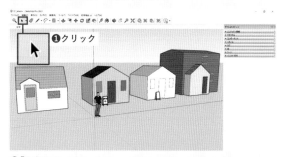

❶クリック

❶「選択」をクリック

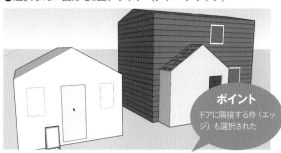

ポイント
ドアに隣接する枠（エッジ）も選択された

❻クリック位置に離接する図形が選択されたことを確認
❼選択を解除

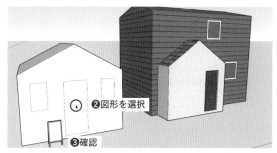

❷図形を選択
❸確認

❷図形を選択
❸ステータスバーで、Shift で追加/除外できることを確認

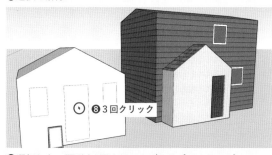

❽3回クリック

❽選択したい図形を3回クリック（トリプルクリック）

❹追加選択したい図形を Shift を押しながらクリック

❹追加選択したい図形を Shift を押しながらクリック

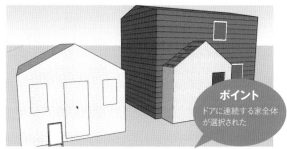

ポイント
ドアに連続する家全体が選択された

❾クリック位置に連続した図形が選択されたことを確認
❿選択を解除

❺選択から除外したい図形を Shift を押しながらクリック

❺選択から除外したい図形を Shift を押しながらクリック

5 範囲指定による図形の選択

範囲を指定すると、複数の図形を一度に選択できて便利。範囲指定の方向によって選択結果が変わる。

説明	操作
完全に含まれる図形を選択	左から右へドラッグ
交差する図形を選択	右から左へドラッグ

1. 範囲に含まれる図形を選択しよう

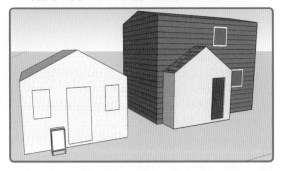

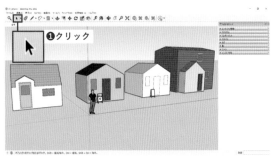

❶「選択」をクリック

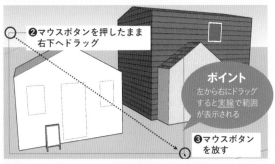

❷マウスボタンを押したまま右下へドラッグ

ポイント 左から右にドラッグすると実線で範囲が表示される

❸マウスボタンを放す

❷左上でマウスボタンを押したまま、右下へドラッグ
❸実線で表示された範囲を確認して、マウスボタンを放す

ポイント 隣の家の建物の正面は、完全に含まれていなかったので選択されていない

実線の範囲に完全に含まれる図形が選択された

2. 範囲に交差する図形を選択しよう

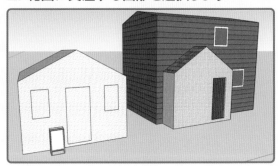

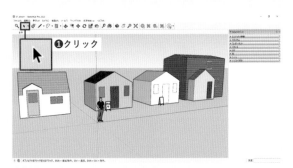

❶「選択」をクリック

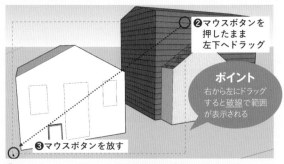

❷マウスボタンを押したまま左下へドラッグ

ポイント 右から左にドラッグすると破線で範囲が表示される

❸マウスボタンを放す

❷右上でマウスボタンを押したまま、左下へドラッグ
❸破線で表示された範囲を確認して、マウスボタンを放す

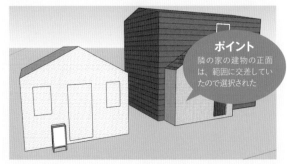

ポイント 隣の家の建物の正面は、範囲に交差していたので選択された

破線の範囲に一部でも交差する図形が選択された

6 図形を削除する

図形を削除するには、選択した図形を消去する方法
と、「消しゴム」を使って削除する方法がある。

「ツール→消しゴム」	E

1. 選択した図形を削除する

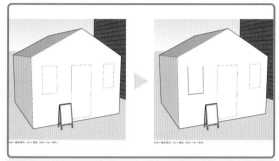

準備 「選択」を実行

❶削除する図形を選択　❷右クリック

❸「消去」をクリックして削除

複数の図形を一度に削除するには
削除したい図形をあらかじめすべて選択して
「消去」すると、一度に削除できる。

さまざまな削除方法
「編集→削除」もしくは Del
キーでも削除できる。

2.「消しゴム」で削除する

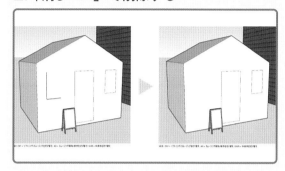

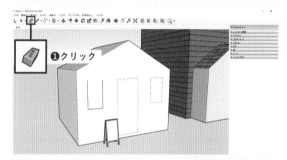

❶「削除」をクリック

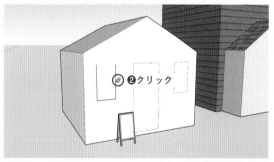

❷削除する図形をクリック
クリックした図形が削除される

ポイント
ドラッグすると複数
の図形を一度に削
除できる

❸削除したい図形の上をドラッグしてマウスボタンを放す

7 色や素材をペイントしよう

色や素材のことをマテリアルと呼ぶ。
「ペイント」で、マテリアルを設定しよう。

「ツール→ペイント」	B

1. クリックしてペイントしよう

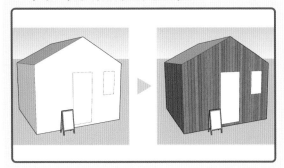

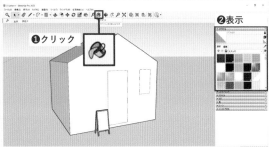

❶「ペイント」をクリック　❷ダイアログマテリアルを表示

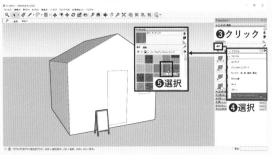

❸タブ選択をクリック
❹リストから選択（例：レンガ・・サイディング）
❺マテリアルを選択（例：モダン サイディング）

❻ペイントしたい面をクリック

> **ポイント**
> 4つの壁を
> ペイントしよう

2. マテリアルの設定を抽出して変更しよう

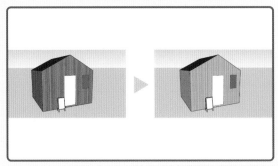

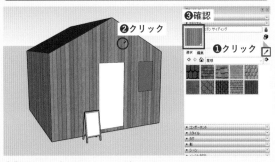

❶「色抽出」（スポイトマーク）をクリック
❷変更するマテリアルを設定した面をクリック
❸抽出したマテリアルがアクティブであることを確認

❹タブ編集をクリック
❺好きな色に変更
❻テクスチャ画像を好きな大きさに変更
　（例：400mm）

> **ポイント**
> 変更が終わったら
> 選択 タブをクリッ
> クして戻しておこう

やってみよう

隣の家の窓ガラスのマテリアルを抽出して、ペイントしてみよう。

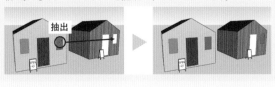

8 線や背景の表現を変えよう

エッジ（線）や面などの表現方法を<u>スタイル</u>と呼ぶ。
様々なスタイルを変更してみよう。

<u>スタイル</u>ダイアログ

1. エッジ（線）のスタイルを変更しよう

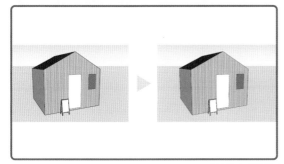

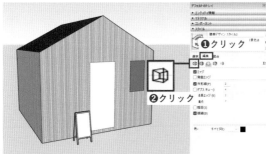

❶タブ<u>編集</u>をクリック　❷<u>エッジ設定</u>をクリック

❸<u>エッジ</u>にチェックして、<u>外形線</u>を1にし、
　他のチェックはすべてオフに設定

面スタイルの種類

同じように面のスタイルも変更できる。面スタイルを変更してみよう。

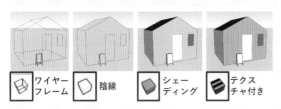

2. 背景や空、地面の設定を変更しよう

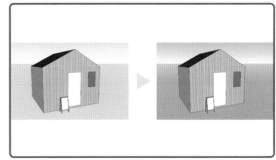

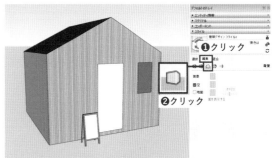

❶タブ<u>編集</u>をクリック　❷<u>背景設定</u>をクリック

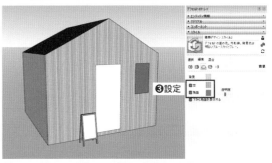

❸<u>空</u>と<u>地面</u>にチェックを入れて好きな色に変更

背景をすべて同じ色にしたいとき

<u>空</u> <u>地面</u>のチェックを外して、<u>背景</u> に色を設定する。

9 グループを操作しよう

複数の図形で構成されたモデルをまとめて扱うときにはグループを使うと効率的に作業ができる。
ここではグループの操作方法を練習しよう。

1. グループを選択・選択解除しよう

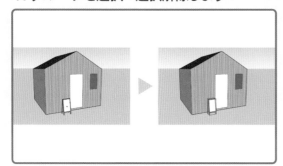

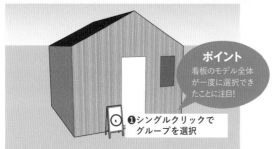

❶グループ（看板）をシングルクリックして選択
　選択されたグループは青いボックスで表示される

❷図形のない位置で空クリックして、グループを選択解除

空クリックとは？

空クリックとは　「選択」ツールで、何も図形がない描画領域でクリックすること。詳しくは、50ページを参照。

2. グループ内の図形を編集しよう

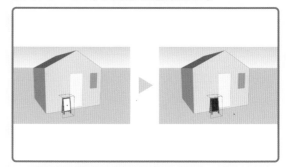

❶編集したいグループをダブルクリック
　グループに入ると、グループ外は薄く表示される

❷編集したい図形を選択
❸色や形を編集（例：パネルを黒くする）

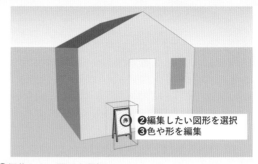

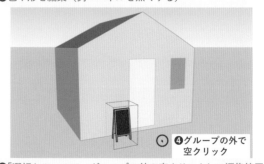

❹「選択」ツールで、グループの外で空クリックして編集終了

入れ子になったグループを編集するには？

入れ子になったグループを編集するときも、ダブルクリックでグループの中に入って編集することができる。
グループの入れ子の構造を確認するには<u>アウトライン表示ダイアログ</u>を使おう。家具や建物など本格的にモデルを作るときは、便利。

3. グループを作成しよう

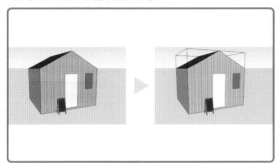

❶グループ化する図形をすべて選択して右クリック
❷クリック

❶グループ化する図形をすべて選択して右クリック
❷「グループを作成」をクリック
　グループが作成されて、自動的に選択状態になる

グループを解除して1つ1つの図形に戻したいときは？

「分解」を使用すると、グループを解除することができる。

❶分解するグループを選択して右クリック
❷クリック

❶分解するグループを選択して右クリック
❷「分解」をクリック

4. グループの入れ子を作ろう

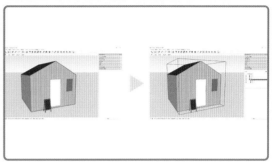

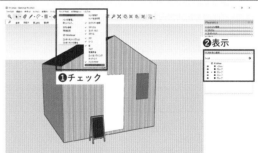

❶チェック
❷表示

❶「ウィンドウ→デフォルトのトレイ→アウトライン表示」にチェック
❷ダイアログ<u>アウトライン表示</u>を表示

> **ポイント**
> アウトライン表示でも連動して選択されていることを確認

❸複数のグループを選択
❹選択されたことを確認
❺クリック

❸右クリックして住宅グループと看板グループを複数選択
❹「グループを作成」をクリック

> **ポイント**
> 住宅のグループと看板のグループが同じグループに入ったことに注目！

❺グループが入れ子になったことを確認

❺グループが入れ子になったことを確認

10 シーンを保存・呼び出そう

現在の表示範囲や設定を シーン として保存することができる。
シーンに保存することで、いつでも指定したシーンに戻ることができる。

シーン ダイアログ

1. 保存されたシーンを呼び出そう

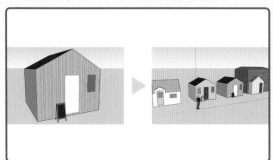

❶シーン全体をクリック
全体に保存されていた範囲や設定が呼び出される

ポイント
シーン全体はあらかじめ保存されていたシーン

シーンを使ってアニメーション（動画）を作ろう

保存したシーンを用いて、アニメーション（動画）を作ることができる。たとえばウォークスルーアニメーションや日影アニメーションなどを作成したいときに使用される。
まず、アニメーションの元となるシーンを複数保存した後、シーンタブからアニメーションを再生すると、各シーンを自動的につなげてアニメーションが表示される。

❶シーンを保存
❷シーンタブを右クリック
❸「アニメーションを作成」をクリック

作成したアニメーションは、mp4などの一般的な動画ファイルにエクスポートすることができる。詳細は62ページを参照。

2. シーンを保存しよう

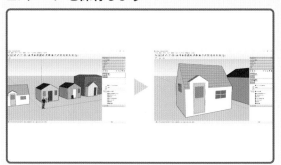

❶チェック
❷表示

❶「ウィンドウ→デフォルトのトレイ→シーン」にチェック
❷ダイアログシーンを表示

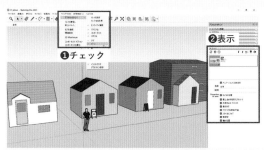

❹クリック
❸シーンに保存したい範囲を表示

❸シーンに保存したい範囲を画面に表示
❹＋をクリック

❺名前を変更して Enter
❻追加されたタブを確認

❺追加されたシーンの名前を変更して Enter を押す
　（例：住宅1）
❻シーンタブに新しいタブが追加されたことを確認

11 影を表示しよう

影の機能を使うと、モデルに影を表示できる。日時や場所等を設定すると、実際の影を表示できる。北は、緑の軸の実線の方向である。

日影シミュレーション動画を作ってみよう
朝、昼、夕方の影をそれぞれシーンに保存してアニメーションを作成すると、1日の影のシミュレーション動画を作ることができる。挑戦してみよう。

影 ダイアログ

1. 日時を指定して影を表示しよう

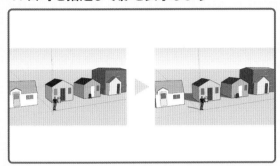

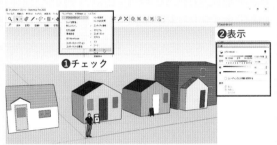

❶「ウィンドウ→デフォルトのトレイ→影」にチェック
❷ダイアログ 影 を表示

❸影を表示/隠すをオンにするとモデルに影が表示される

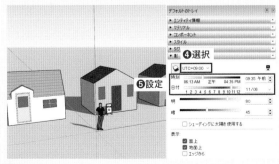

❹タイムゾーンUTC+09:00を選択
❺好きな時刻と日付を設定
　指定した日時の影が表示される

2. 場所を設定しよう

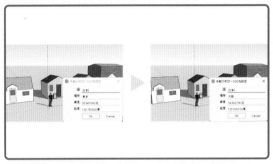

❶「ウィンドウ→モデル情報」をクリック
❷ジオロケーションをクリック

ポイント
緯度経度はインターネットや地図で調べよう!

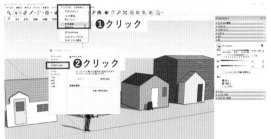

❸手動で場所を設定をクリック
❹場所 緯度 経度を入力　❺ OKをクリック

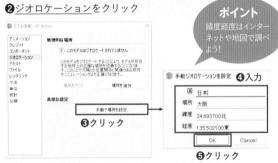

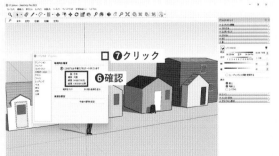

❻設定内容を確認
❼×をクリックして閉じる

12 パース・立面図・アイソメなどを表示しよう

カメラの設定を変更することで、透視投影法によるパース、平行投影法による平面図や立面図そしてアイソメ図などを表示することができる。

1. 鳥瞰パースを表示しよう

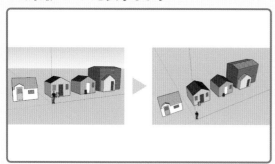

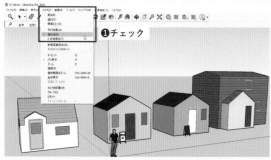

❶「カメラ→遠近法」にチェックを入れる
透視投影法でモデルが描画される

❷全体が見えるように調整

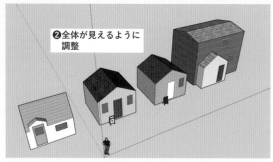

❷「オービット」「パン表示」などのツールを使って全体が見えるように調整

シーンを活用しよう

調整できたら、シーンに保存しておくと、いつでも呼び出せるので便利。
詳しくは、58ページを参照。

2. アイレベルのパースを表示しよう

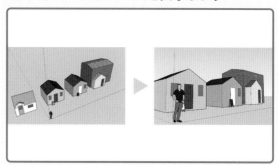

❶クリック
❷クリック＆ドラッグ

ポイント
自動的に地面の高さに視点が移動する

❶「カメラ→カメラを配置」をクリック
❷カメラの位置（視点）でクリックしてドラッグし
カメラを向ける位置（注視点）でマウスボタンを放す

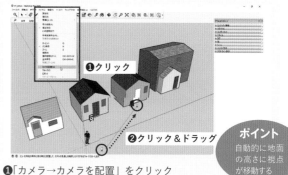

❸ 文字入力モードを半角英数字に設定
❹ 眼の高さを数値入力
❺ Enter

眼高 1200 mm

❸数字を入力できるように、文字入力のモードを半角英数字に設定
❹キーボードから眼高1200mmと入力
❺ Enter で確定
地面から1200mmの高さに視点が移動する
マウスポインタが目のマーク「ピボット」になる

ポイント
眼高の入力欄をクリックする必要はない。そのまま数値入力しよう

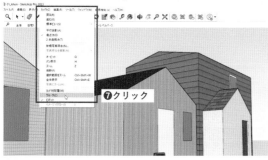

⑥ドラッグしてカメラを回転する

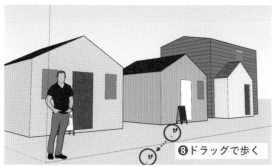

⑦「カメラ→ウォーク」をクリック
　マウスポインタが足跡のマーク「ウォーク」になる

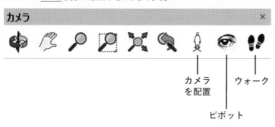

⑧ドラッグして前後に歩いて、視点を移動する

3. 立面図・アイソメなどを表示しよう

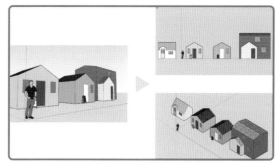

❶「カメラ→平行投影」をクリック
　平行投影法でモデルが描画される

❷「カメラ→標準ビュー」から表示したい図をクリック
❸「全体表示」をクリック

ポイント
上面図は「平面」立面図は「正面」アイソメは「等角」をクリック

ツールバーカメラ

ツールバーカメラを使って操作することもできる。

カメラを配置　　ウォーク
　　　ピボット

ツールバービュー

ツールバービューを使って操作することもできる。

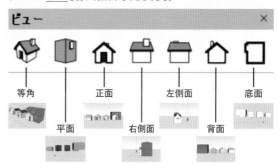

等角　　　正面　　　左側面　　底面
　　平面　　右側面　　背面

61

13 ファイルを入力・出力しよう

● 2_1_13_grass.jpg／2_1_13_bicycle.skp

画像などのファイルをインポートしたり、異なる形式にエクスポートする操作をマスターしよう。

1. インポートする

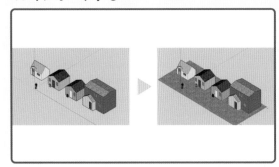

❶「ファイル→インポート」をクリック

❷インポートする画像ファイル2_1_13_grass.jpgを選択
❸画像の使用方法イメージを選択
❹インポートをクリック

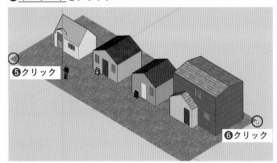

❺画像を配置する1点をクリック
❻画像の対角の位置をクリック

2. 画像ファイルにエクスポートする

準備 エクスポートしたい画面を表示しておく

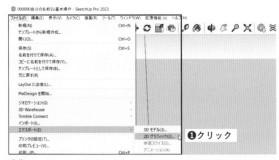

❶「ファイル→エクスポート→2Dグラフィック」を選んでクリック

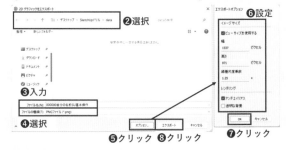

❷保存するフォルダを選択
❸ファイル名を入力
❹ファイルの種類を選択（PNGファイル（*.png）等）
❺オプションをクリック
❻エクスポートオプションを設定
❼OKをクリック
❽エクスポートをクリック

透明な背景 とは？

PNGファイルでは、背景を透過できる。背景を透過したいときは、エクスポートオプションで透明な背景にチェックしよう。

何がエクスポートされる？

描画領域に表示されている画面がそのまま画像に出力されるため、エクスポート前に、画面を整えておこう。
たとえば、不要な図形を削除・非表示にしたり、重要なモデルが見えるように画面を拡大しておくと良い。

やってみよう

自転車の3Dモデル2_1_13_bicycle.skpをインポートして好きな位置に配置しよう。

やってみよう

複数のシーンを保存している場合は、アニメーションファイル（MP4ファイル）にエクスポートすることもできる。挑戦してみよう。シーンの詳細は58ページを参照。

1 線を自由に描く

● 2_2_1_byoga.skp

「線」を使って、自由に線を描こう。

描画→線→線	L

1. 自由に線を描こう

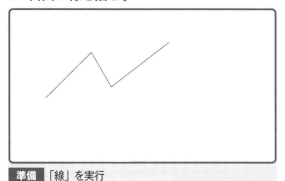

準備 「線」を実行

2. 閉じた線を描こう

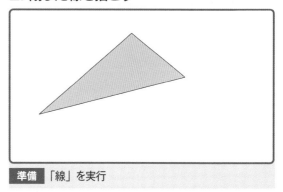

準備 「線」を実行

❶クリック

❶1点目をクリック

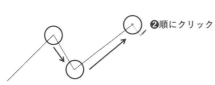

❷頂点を順にクリック

❸ ESC で作図を終了

❶クリック

❶1点目をクリック

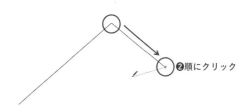

❷頂点を順にクリック

ポイント
線で閉じた領域には自動的に面が作成される

❸マウスポインタ横の画面ヒントを確認して
　端点 と表示されたら、クリック

2 正確に線を描こう

「線」を使って、長さを指定したり、既存の図形に合わせて正確に線を描こう。

描画→線→線	L

1. 軸に平行な線を描く

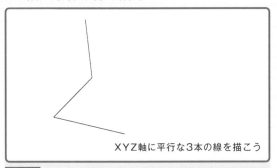

XYZ軸に平行な3本の線を描こう

準備 「線」を実行

2. 長さを指定して線を描く

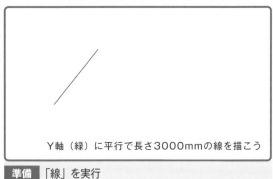

Y軸（緑）に平行で長さ3000mmの線を描こう

準備 「線」を実行

軸の拘束

キーボードの矢印キーを使うと、簡単に軸方向を拘束できる。
- →：X軸（赤）
- ←：Y軸（緑）
- ↑：Z軸（青）

❶1点目をクリック
❷X軸（赤）方向にカーソルを移動して赤軸上のヒントを確認してクリック

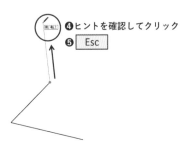

❸Y軸（緑）方向にカーソルを移動して緑軸上のヒントを確認してクリック

❹Z軸（青）方向にマウスポインタを移動して青軸上と表示されたらクリック
❺ ESC で終了

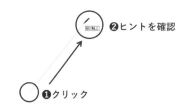

❶1点目をクリック
❷Y軸（緑）方向にカーソルを移動して緑軸上のヒントを確認

❸文字入力モードを半角英数字に設定
❹長さを入力
| 3000 | Enter |

長さ 3000

❸文字入力モードを半角に設定
❹長さ3000を入力して Enter で確定
　2点目が作図される
❺ ESC で終了

ポイント
長さの入力欄をクリックする必要はない。そのまま数値入力しよう

自由な曲線を描くには？

「線」の横にある▼をクリックすると「フリーハンド」を実行でき、自由な曲線を描ける

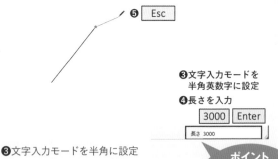

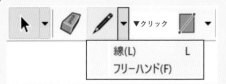

線(L)	L
フリーハンド(F)	

3. ヒントを使ってスナップしながら描く

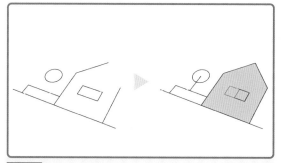

準備 「線」を実行

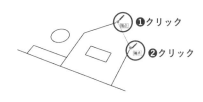

❶クリック
❷クリック

❶屋根の端点にカーソルを近づけて
　●端点とヒントが表示されたら1点目をクリック
❷壁にカーソルを近づけて●端点で2点目をクリック

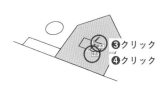

❸クリック
❹クリック

❸窓の上辺の中点付近にカーソルを近づけて
　●中点とヒントが表示されたらクリック
❹窓の下辺にカーソルを近づけて●中点でクリック

ポイント
中央のヒントが表示されないときは一旦、円周上にカーソルを置いて●端点のヒントを表示した後、円の中心付近に移動すると表示されやすい

❺クリック
❻クリック
❼ Esc

❺円の中心付近にカーソルを近づけて●中央でクリック
❻辺上にカーソルを近づけて■エッジ上でクリック
❼ ESC で終了

4. トラッキングを使って描こう

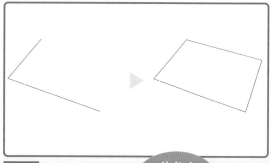

準備 「線」を実行

ポイント
クリックせずに近づけるだけでOK！

❷●端点が表示されたら
次の点がある右方向に
カーソルを移動
❶クリック

❶1点目を●端点でクリック
❷位置を認識させたい頂点にカーソルを近づけて●端点が表示されたら、次の2点目の方向（右）にカーソルを移動

赤の仮線
緑の仮線
❸2本の仮線が表示されたらクリック

❸2本の仮線（赤の点線と緑の実線）が表示されたら
2点目としてクリック

❹クリック

❹3点目を●端点でクリック

3 面を描こう

「長方形」や「円」を使って、様々な面図形を描こう。

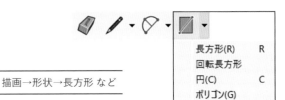

描画→形状→長方形 など

長方形(R)	R
回転長方形	
円(C)	C
ポリゴン(G)	

1. 自由に長方形を描こう

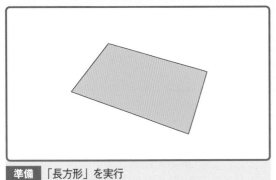

| 準備 | 「長方形」を実行 |

2. 大きさを指定して長方形を描こう

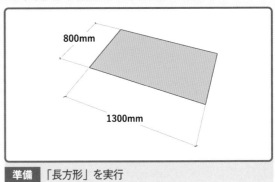

800mm
1300mm

| 準備 | 「長方形」を実行 |

❷カーソルを移動
❶クリック

❶1点目をクリック
❷2点目の方向にカーソルを移動

❷カーソルを移動
❶クリック

❶1点目をクリック
❷長方形を作図したい方向にカーソルを移動

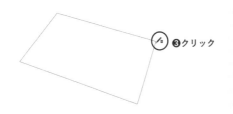

❸クリック

❸2点目をクリック
　指定した位置に長方形が作図される

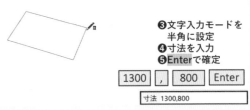

❸文字入力モードを半角に設定
❹寸法を入力
❺Enterで確定

| 1300 | , | 800 | Enter |

寸法 1300,800

❸文字入力モードを半角に設定
❹寸法1300,800mm を入力
❺ Enter で確定
　カーソルの方向に指定した大きさの長方形が作図される

特別な四角形を描くには

❷でカーソルを移動しているとき、「正方形」や「黄金分割」などのヒントが表示されることがある。そこでクリックすると、正方形や黄金長方形など特別な四角形を作図できる。

どっちに作図される？

❹で同じ寸法を指定しても、❷で移動したカーソルの方向によって、長方形が作図される位置が変わる。たとえば、右上にカーソルを移動して寸法を指定すると右上方向に、逆に、左下にカーソルを移動して寸法を指定すると左下方向に長方形が作図される

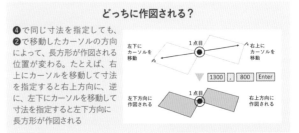

左下にカーソルを移動
1点目
右上にカーソルを移動

| 1300 | , | 800 | Enter |

左下方向に作図される
右上方向に作図される

4 線・面を分割・結合しよう

作図した線や面を分割・結合して編集しよう。

1. 面を半分に分割しよう

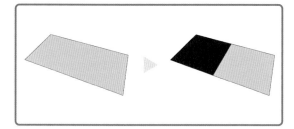

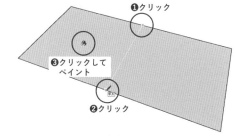

❶「線」を実行して、1点目に辺の中点をクリック
❷2点目に辺の中点を2クリック
　分割線が作図されて、面が分割される
❸「ペイント」で好きな色をペイント

2. 接した面を結合しよう

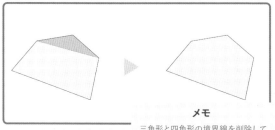

メモ

三角形と四角形の境界線を削除して、
2つの図形を統合して1つにしよう

❶境界線を選択して右クリック
❷「消去」をクリックして削除
　1つの図形に結合される

3. 線を等分割しよう

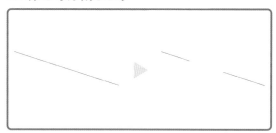

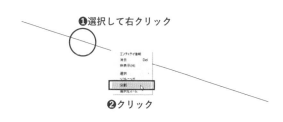

❶分割したい線を選択して右クリック
❷「分割」をクリック

❸線上でカーソルを動かし、分割したい数（3個のセグメント）
　が表示されたらクリック
　3つの線（セグメント）に等分割される

❹中央の線を選択して右クリック
❺「消去」をクリックして削除

1 立体を作ろう1（プッシュプル）

● 2_3_1_henshu.skp

「プッシュプル」を使って、面を押したり引いたりすることで、立体（3Dモデル）を作ったり、一部を切り取ったりできる。

ツール→プッシュプル	P

1. 距離を指定して立体を作る

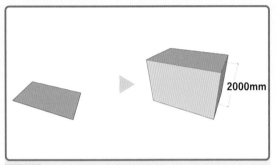

2000mm

準備 「プッシュプル」を実行

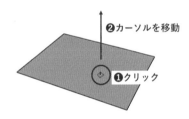

❷カーソルを移動
❶クリック

❶面をクリック
❷カーソルを押したい/引きたい方向に移動

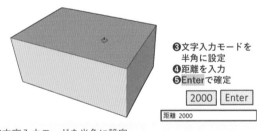

❸文字入力モードを
半角に設定
❹距離を入力
❺Enterで確定

2000 Enter

距離 2000

❸文字入力モードを半角に設定
❹距離2000を入力
❺ Enter で確定
　直方体が作られる

2. 高さを参照して一部を切り取る

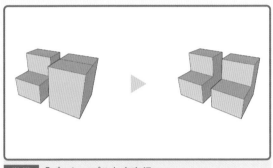

準備 「プッシュプル」を実行

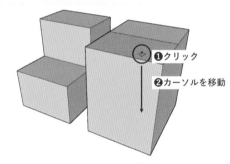

❶クリック
❷カーソルを移動

❶面をクリック
❷カーソルを押したい/引きたい方向に移動

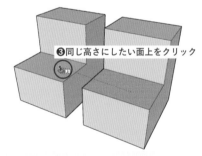

❸同じ高さにしたい面上をクリック

❸同じ高さにしたい面上をクリック
　左の立体と同じ高さまで切り取られる

2 立体を作ろう2（フォローミー）

「フォローミー」を使って、線に沿って面を引き回す
ことで、複雑な立体を作れる。球やコップなどの回
転体を作るときにも使える。

編集 ×

ツール→フォローミー	なし

1. アーチを作る

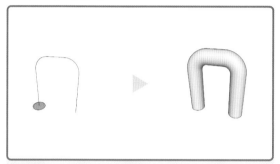

準備 「フォローミー」を実行

2. コップと球を作る

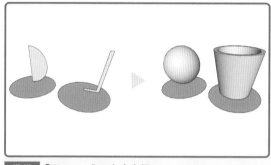

準備 「フォローミー」を実行

❶断面（円）をクリック
❷カーソルを線（アーチの中心線）に沿って移動

❸カーソルをさらに線に沿ってなぞるように移動

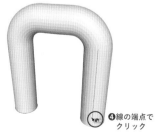

❹線の端点でクリック
　アーチが作られる

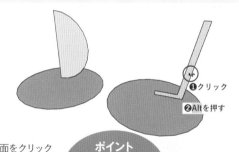

❶断面をクリック
❷ Alt を押す

ポイント
Alt を押すと面を指
定するだけで、外周を
一周する立体を作れる

❸引き回したい線を外周に持つ面をクリック
　面の外周を一周引き回した立体が作られる

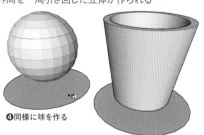

❹同様に球を作る

❹球にも同様に❶～❸を操作して球を作る

3 移動・コピーしよう

「移動」を使って図形を移動できる。Ctrl を押すことで、「移動」と「コピー」を切替できる。

編集 ×

ツール→移動	M

1. クリックして移動しよう

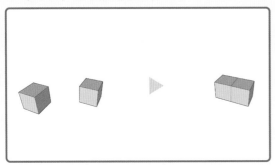

❶移動する図形を選択
❷「移動」を実行

ポイント
「移動」を実行すると、カーソルが十字の矢印になる

❸移動の基準点をクリック

ポイント
ヒントを確認しながら、正確に基準点をスナップしよう

❶移動する図形（左の立方体）を選択
❷「移動」を実行
❸移動の基準点をクリック

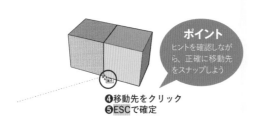

ポイント
ヒントを確認しながら、正確に移動先をスナップしよう

❹移動先をクリック
❺ESCで確定

❹移動先をクリック
❺ ESC で確定

2. 数値を指定して移動しよう

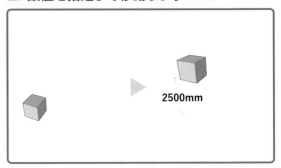

2500mm

❶移動する図形を選択
❷「移動」を実行

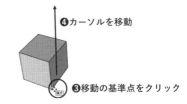

❹カーソルを移動

❸移動の基準点をクリック

❶移動する図形（立方体）を選択
❷「移動」を実行
❸移動の基準点をクリック
❹図形を移動したい方向にカーソルを移動

❺ヒントを確認

❻文字入力モードを半角に設定
❼距離を入力
❽Enterで確定

2500 Enter

距離 2500

❺ヒントに移動方向（青軸上）が表示されていることを確認
❻文字入力モードを半角に設定
❼距離2500mmを入力
❽ Enter で確定
図形が移動される

3. 数値を指定してコピーしよう

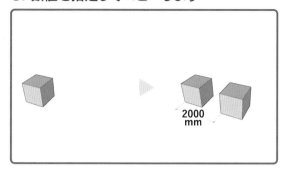

❶移動する図形を選択
❷「移動」を実行してCtrlを押す

> **ポイント**
> Ctrlを押すとカーソルの横に＋（プラス）マークが表示される

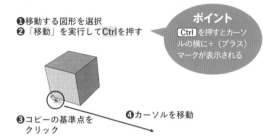

❸コピーの基準点を
　クリック

❹カーソルを移動

❶移動する図形（立方体）を選択
❷「移動」を実行して Ctrl を押し、「コピー」に切替
❸コピーの基準点をクリック
❹図形をコピーしたい方向にカーソルを移動

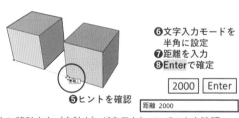

❻文字入力モードを
　半角に設定
❼距離を入力
❽Enterで確定

| 2000 | Enter |

❺ヒントを確認

距離 2000

❺ヒントに移動方向（赤軸上）が表示されていることを確認
❻文字入力モードを半角に設定
❼距離2000mmを入力
❽ Enter で確定
　図形がコピーされる

連続コピーするには？

図形を移動コピーした直後に、 * （アスタリスク）と数字を入力することで、指定した回数分、連続コピーすることができる。

4. 頂点・線を移動しよう

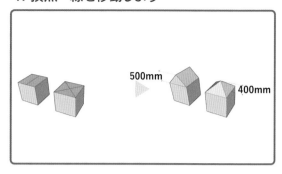

❶「移動」を実行

❷移動する頂点をクリックして
　カーソルを移動

> **ポイント**
> 頂点を移動するときは、事前に頂点を選択しないでOK

❶「移動」を実行
❷移動する頂点をクリックしてカーソルを移動

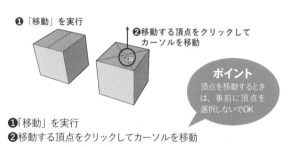

❸ヒントを確認

❹距離を入力して移動

| 400 | Enter |

距離 400

❸ヒントを確認
❹距離400mmを入力して Enter で確定

❺移動する線を選択して「移動」を実行

❻移動の基準点をクリックして
　カーソルを移動

> **ポイント**
> 線を移動するときは、事前に線を選択する

❺移動する線を選択して「移動」を実行
❻移動の基準点をクリックしてカーソルを移動

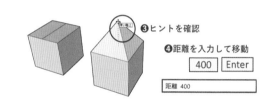

❼ヒントを確認

❽距離を入力して移動
❾ESCで確定

| 500 | Enter |

距離 500

❼ヒントを確認
❽距離500mmを入力して移動　❾ Enter で確定

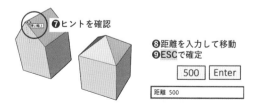

4 回転・コピーしよう

「回転」を使って図形を移動できる。Ctrl を押すことで、「回転」と「コピー」を切替できる

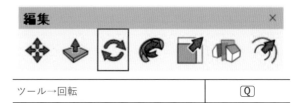

ツール→回転	Q

1. クリックして回転しよう

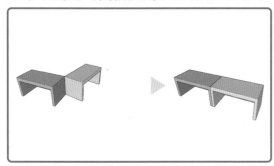

❶回転する図形を選択
❷「回転」を実行
　カーソルに分度器が表示される

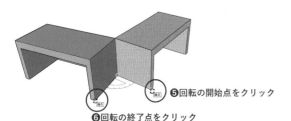

❸回転の中心にカーソルを近づける
❹分度器が回転軸と同じ色になったら
　回転の中心をクリック

❶回転する図形（右の机）を選択
❷「回転」を実行
　カーソルに分度器が表示される
❸回転の中心にカーソルを近づける
❹分度器が回転軸（青）と同じ色になったら
　回転の中心をクリック

> **ポイント**
> 分度器の色に注目!

❺回転の開始点をクリック
❻回転の終了点をクリック
❼ESCで確定

❺回転の開始点をクリック
❻回転の終了点をクリック
❼ESC で確定

> **ポイント**
> ヒントを確認しながら端点をスナッ正確プしよう

2. 数値を指定して回転しよう

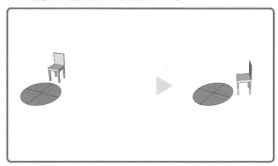

❶回転する図形を選択
❷「回転」を実行

❸回転の中心にカーソルを近づける
❹分度器が回転軸と同じ色になったら
　回転の中心をクリック

❶回転する図形（椅子）を選択
❷「回転」を実行
❸回転の中心にカーソルを近づける
❹分度器が回転軸（青）と同じ色になったら
　回転の中心をクリック

❺回転の開始点を
　クリック

❻カーソルを移動

❺回転の開始点をクリック
❻図形を回転したい方向にカーソルを移動

❼文字入力モードを
　半角に設定
❽角度を入力
❾Enterで確定

60	Enter

角度 60

❼文字入力モードを半角に設定
❽角度60度を入力
❾Enter で確定　図形が回転される

連続コピーするには？

図形を回転コピーした直後に、⏨(アスタリスク)と数字を入力することで、
指定した回数分、連続コピーすることができる。

3. 数値を指定して回転連続コピーしよう

❶回転する図形を選択
❷「回転」を実行して
Ctrlを押す

❸回転の中心
をクリック

ポイント
Ctrl キーを押すとカーソルの横に＋(プラス)マークが表示される

❹回転の開始点をクリック

❺カーソルを移動

❶回転コピーする図形(椅子)を選択
❷「回転」を実行して Ctrl を押し、「コピー」に切替
❸回転の中心をクリック　❹回転の開始をクリック
❺回転したい方向にカーソルを移動

❻角度を入力して
回転コピー

60	Enter

角度	60

❻角度60度を入力して、 Enter で確定　図形がコピーされる

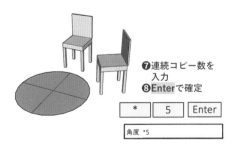

❼連続コピー数を
入力
❽Enterで確定

⏨	5	Enter

角度	⏨5

❼連続コピー数⏨5を入力
❽ Enter で確定
　❺の図形が指定回数分、連続回転コピーされる

4. 回転軸を指定して3次元回転しよう

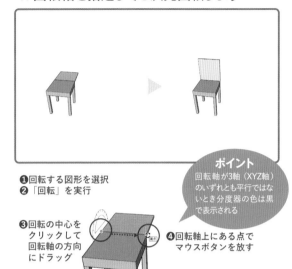

❶回転する図形を選択
❷「回転」を実行

❸回転の中心を
クリックして
回転軸の方向
にドラッグ

ポイント
回転軸が3軸(XYZ軸)のいずれとも平行ではないとき分度器の色は黒で表示される

❹回転軸上にある点で
マウスボタンを放す

❶回転する図形(椅子の背もたれ)を選択
❷「回転」を実行
❸回転の中心をクリックして、そのまま回転軸の方向
　(座面の奥の辺)にドラッグ
❹回転軸上にある点(座面奥の辺の端点)でマウス
　ボタンを放す

❻カーソルを移動

❺回転の開始点をクリック

❺回転の開始点をクリック
❻図形を回転したい方向にカーソルを移動

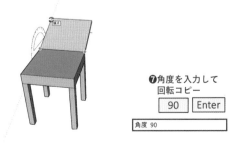

❼角度を入力して
回転コピー

90	Enter

角度	90

❼角度90度を入力して、 Enter で確定
　図形が回転される

5 オフセット・尺度を変更する

「オフセット」は指定した間隔で図形を平行にコピーできる。「尺度」は、図形を拡大縮小できる。

	尺度	オフセット
ツール→尺度	S	
ツール→オフセット		F

1. オフセットしよう

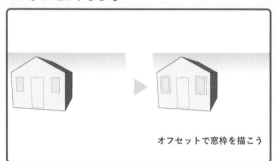

オフセットで窓枠を描こう

準備 「オフセット」を実行

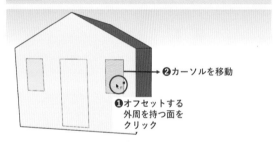

❷カーソルを移動
❶オフセットする外周を持つ面をクリック

❶オフセットする外周を持つ面（窓）をクリック
❷オフセットする方向にカーソルを移動

ポイント 文字入力モードに注意!

❸オフセットする距離を入力

| 100 | Enter |
距離 100

❸オフセットする距離100mmを入力
外側に線がオフセットされる

❹違う面をダブルクリック
同じ距離でオフセットされる

❹直後に違う面をダブルクリックすると、同じ距離でオフセットされる

2. 尺度を変更しよう

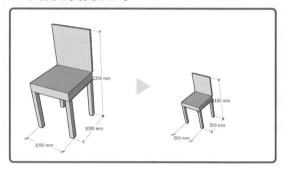

❶尺度を変更する図形を選択
❷「尺度」を実行
❸スケールグリップをクリック
❹カーソルを移動

ポイント 直方体の頂点にあるスケールグリップをクリックするとXYZ方向に等しく拡大縮小できる

❶尺度を変更する図形（椅子）を選択
❷「尺度」を実行
❸直方体の頂点にあるスケールグリップをクリック
❹拡大縮小したい方向にカーソルを移動

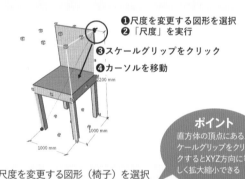

❺拡大縮小する尺度を入力

| 0.5 | Enter |
尺度 0.5

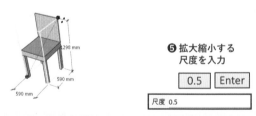

❺拡大縮小の尺度0.5倍を入力
図形が指定した尺度で拡大縮小される

6 外側シェルを使おう

「外側シェル」は、複数のソリッド図形を結合して、外側の面だけを残すことができる。

ソリッド ツール

ツール→外側シェル	なし

1. 外側シェルで外側の面だけを残そう

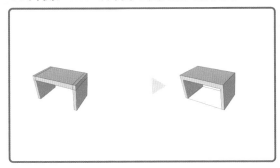

❶すべての図形を選択

❷エンティティ情報で
3つのソリッドで
あることを確認

❶すべての図形を選択
❷エンティティ情報ダイアログを表示して、
　3つのソリッドグループであることを確認

❸右クリックから
「外側シェル」を実行

❸右クリックから「外側シェル」を実行

外側シェルに失敗するとき

元の図形がソリッドグループでないことが原因として考えられる。元の図形のエンティティ情報を確認しよう。

ソリッドとは?

ソリッドとは、完全に閉じた体積を持つ立体のこと。
面で完全に閉じた立体からグループを作成することでソリッドができる。
エンティティ情報ダイアログで、選択図形がソリッドかどうかを確認できる。

エンティティ情報 ダイアログとは?

選択している図形の様々な情報を確認することができるダイアログ。

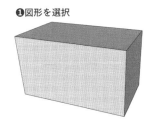

❶図形を選択

❷選択図形の情報を確認できる
　たとえば、
　18個のエンティティ（図形）
　が選択されていることが
　わかる

ソリッドを作るには?

複数の面で完全に囲まれた図形をグループ化するとソリッドグループを作ることができる。

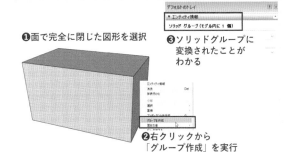

❶面で完全に閉じた図形を選択

❸ソリッドグループに
　変換されたことが
　わかる

❷右クリックから
「グループ作成」を実行

面で閉じていない図形をグループ化しても、ソリッドグループにはできない。

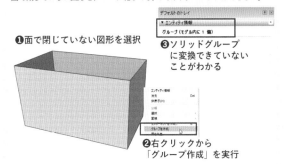

❶面で閉じていない図形を選択

❸ソリッドグループ
　に変換できていない
　ことがわかる

❷右クリックから
「グループ作成」を実行

7 メジャー・寸法を使おう

「メジャー」は、距離を測定したり、ガイド（補助線）を描ける。[Ctrl] で測定とガイドを切替できる。
「寸法」は、寸法線を描ける。

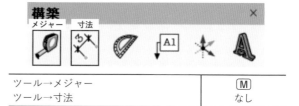

構築	
ツール→メジャー	M
ツール→寸法	なし

1. メジャーで測定してガイドを描こう

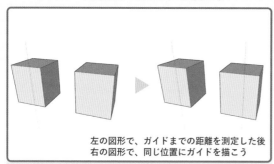

左の図形で、ガイドまでの距離を測定した後
右の図形で、同じ位置にガイドを描こう

準備 「メジャー」を実行

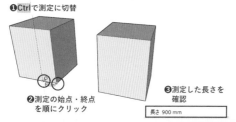

❶Ctrlで測定に切替
❷測定の始点・終点を順にクリック
❸測定した長さを確認
長さ 900 mm

❶ [Ctrl] で測定に切替
❷測定の始点・終点を順にクリック
❸測定した長さを確認（900mm）

ポイント
[Ctrl] キーを押すとカーソルの横の＋（プラス）マークが消える

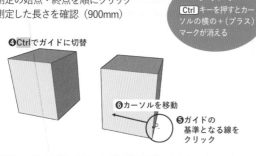

❹Ctrlでガイドに切替
❻カーソルを移動
❺ガイドの基準となる線をクリック

❹ [Ctrl] でガイドに切替
❺ガイドの基準となる線をクリック
❻ガイドを描く方向にカーソルを移動

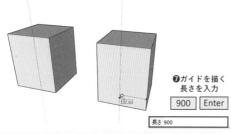

❼ガイドを描く長さを入力
900 Enter
長さ 900

❼ガイドを描く長さ（ガイドまでの距離）900mmを入力して [Enter] で確定

2. 寸法線を描こう

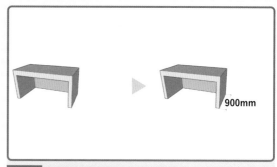

900mm

準備 「寸法」を実行

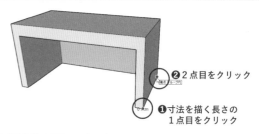

❷2点目をクリック
❶寸法を描く長さの1点目をクリック

❶寸法を描く長さの1点目をクリック
❷2点目をクリック

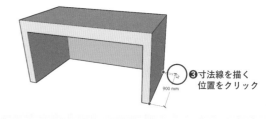

❸寸法線を描く位置をクリック
900 mm

❸寸法線を描く位置をクリック
❹ [ESC] で終了

ガイドはいつ使う？

ガイドで作図の補助線を描くことで、効率よく作図できる。
たとえば、扉の位置や寸法がわかっている場合、その位置にガイドを描き、そのガイドを元に「長方形」や「線」で作図できる。

不要になったガイドは？

不要になったガイドは、「削除」で消すことができる。一時的にガイドを非表示にしたいときは、「表示→ガイド」で表示を切り替えることもできる。

1 CAD図面を活用してモデルを作ろう

● 2_4_1_zumen.dwg

AutoCADなどを使って作成したCAD図面をSketch Upにインポートすることで、CAD上の寸法を参照しながら効率的にモデルを作ることができる。

SketchUp Freeを使っている場合

SkechUp Freeには、CAD図面をインポートする機能がない。
この課題では、CAD図面（DWGファイル）をインポート済みの練習ファイル「2_4_2_zumen-free.skp」を使って手順❷から練習しよう。

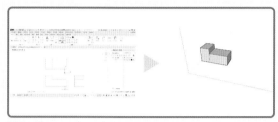

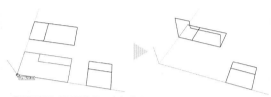

❼正面図と上面図を組み合わせる

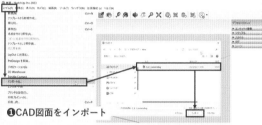

❶CAD図面をインポート

❶「ファイル→インポート」でCAD図面をインポート

❼高さの参考となる正面図もしくは右側面図を
　上面図の位置に移動して、3次元回転

ポイント
移動するとき、上面図と正面図の高さが同じ位置を基準にする

❽上面図を参照して
　平面を作図

❾正面図から高さを参照して
　立ち上げ

❷図形を分解

ポイント
分解については
63ページを参照

❽上面図を参照して「長方形」「線」などで平面を作図
❾正面図から高さを参照して「プッシュプル」などで立ち上げ

❷読み込んだ図形がまとまっている（コンポーネント）ため、「分解」で各図形に分解

上面図

正面図　　　右側面図

ポイント
グループについては63ページを参照

❸「グループを作成」で
　図面ごとにグループ化

❸「グループ作成」で図面ごとにグループを作成

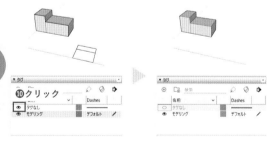

❿クリック

❿眼のアイコンをクリックして
　図面が書かれた「タグなし」を非表示
⓫アイソメを表示して完成

ポイント
アイソメの表示方法は、61ページを参照

タグとは

タグを使うと、作成した図形を分類できる。CADの画層（レイヤー）と同じような機能である。

❹⊕で新しいタグを追加

❺名前を入力

❻クリック

❹ ＋をクリックして新しいタグを追加
❺ 名前モデリングを入力
❻ モデリングのタグをクリックして編集対象に設定

1 しかくい箱を作図しよう

3_1_1_sakuzu.dwg

アイソメ図と図面名が記された視点を参考にして、作図ファイル（3_1_1_sakuzu.dwg）を開いて下図のように作図しよう。正面図と平面図は解説を参考にして作図し、残りの図面は自分で考えて作図して、完成したらPDFファイルに出力しよう。

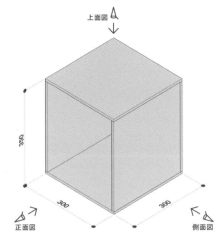

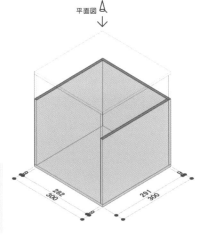

切断したモデルから考えてみよう
下の二つは、しかくい箱をそれぞれ水平方向と垂直方向に切断したもので、これらのモデルから平面図や断面図がどう見えるか考えてみよう。

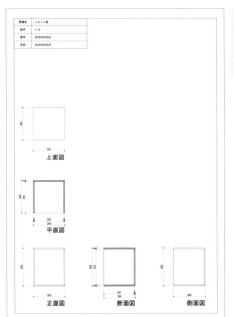

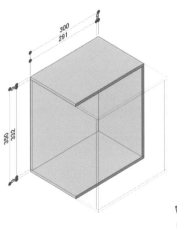

画層について

ファイルにはあらかじめ右の画層を
作成しており、見えている部分の線
を描く時は細い見えがかり線、断面
線を描く時は太い断面線、寸法は
寸法線、図面名は文字といったよう
に画層を切り替えて作図する。

- ■ 0
- ■ 01断面線
- ■ 02見えがかり線
- □ 03文字
- □ 04寸法線
- ■ 05図面枠
- □ 06補助線
- ■ Defpoints

図面をそろえる

複数の図面をなら
べる際は上下と左
右で位置をそろえ
て作図する。

AutoCADで作業

1. 正面図を作図しよう

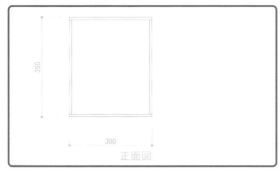

❶「長方形」で底板を作図（300×9mm）
❷「複写」で上板を作図（341mm）

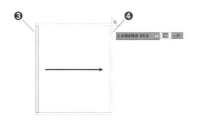

❸「長方形」で側板を作図（9×332mm）
❹「複写」でもう片方の側板を作図

❺「寸法」で寸法記入　❻「文字」で図面名を記入

2. 平面図を作図しよう

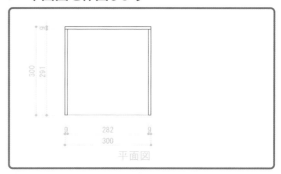

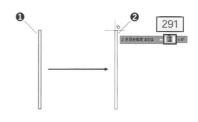

❶「長方形」で側板を作図（9×291mm）
❷「複写」でもう片方の側板を作図（291mm）

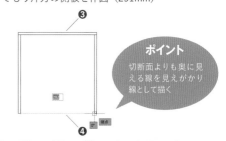

ポイント

切断面よりも奥に見
える線を見えがかり
線として描く

❸「長方形」で背板を作図（300×9mm）
❹「線分」で見えがかり線を描く

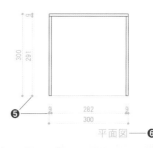

❺「寸法」で寸法記入　❻「文字」で図面名を記入

2 さんかくの箱を作図しよう

3_1_2_sakuzu.dwg

アイソメ図と図面名が記された視点を参考にして、作図ファイル（3_1_2_sakuzu.dwg）を開いて下図のように作図しよう。上面図と断面図は解説を参考にして作図し、残りの図面は自分で考えて作図して、完成したらPDFファイルに出力しよう。

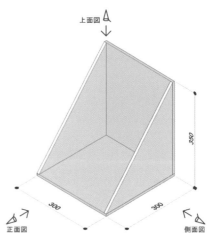

切断したモデルから考えてみよう
さんかくの箱を垂直方向に切断したこのモデルから、断面図がどう見えるか考えてみよう。

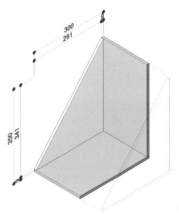

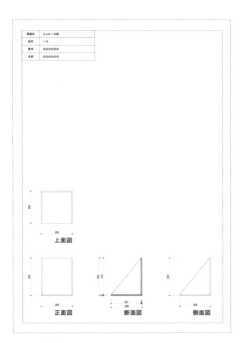

作図後の画層変更

画層を間違えて作図した場合、
そのオブジェクトを選択して、
プロパティの画層のところで
変更することができる。

断面図

AutoCADで作業

1. 上面図を作図しよう

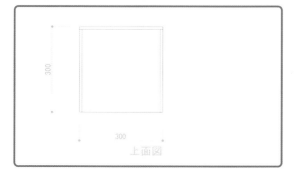

上面図

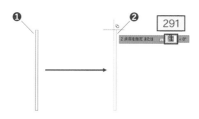

❶「長方形」で側板を作図（9×291mm）
❷「複写」でもう片方の側板を作図（291mm）

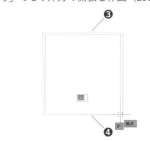

❸「長方形」で背板を作図（300×9mm）
❹「線分」でみえがかり線を描く

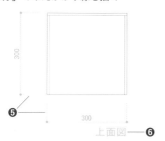

上面図──❻

❺「寸法」で寸法記入　❻「文字」で図面名を記入

2. 断面図を作図しよう

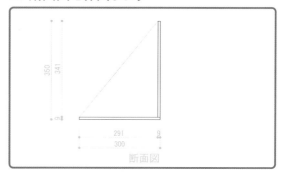

断面図

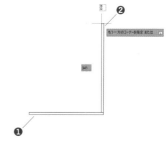

❶「長方形」で底板を作図（300×9mm）
❷「長方形」で背板を作図（9×341mm）

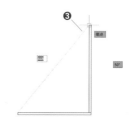

❸「線分」で見えがかり線を描く

断面図──❺

❹「寸法」で寸法記入　❺「文字」で図面名を記入

3 まるい箱を作図しよう

● 3_1_3_sakuzu.dwg

アイソメ図と図面名が記された視点を参考にして、作図ファイル（3_1_3_sakuzu.dwg）を開いて下図のように作図しよう。正面図と平面図は解説を参考にして作図し、残りの図面は自分で考えて作図して、完成したらPDFファイルに出力しよう。

切断したモデルから考えてみよう
下の二つは、まるい箱をそれぞれ水平方向と垂直方向に切断したもので、これらのモデルから平面図や断面図がどう見えるか考えてみよう。

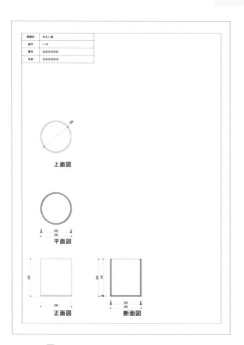

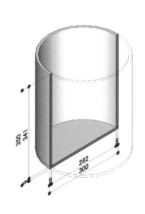

AutoCADで作業

1. 正面図を作図しよう

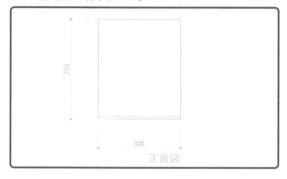

❶「長方形」で底板を作図（300×9mm）

❷「長方形」で側板を作図（300×341mm）

❸「寸法」で寸法記入
❹「文字」で図面名を記入

2. 平面図を作図しよう

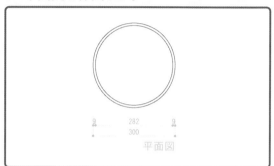

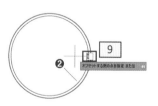

❶「円」で側板の外側を描く（半径150mm）

❷「オフセット」で側板の内側を描く（9mm）

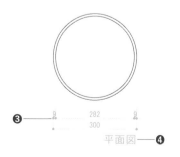

❸「寸法」で寸法記入
❹「文字」で図面名を記入

4 それぞれの箱をモデリングしよう

—————● 新規モデル

これまでに作図した、しかくい箱とさんかくの箱、まるい箱を、下のアイソメ図を参考にして、SketchUpの新規モデルを作成してモデリングしてみよう。完成したらアイソメ図として（61ページ参照）、背景の透明なPNGファイルに出力しよう。

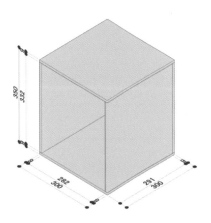

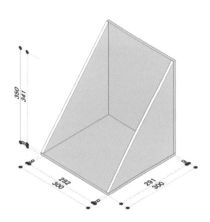

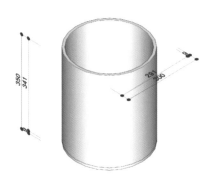

SketchUpで作業

1. しかくい箱をモデリングしよう

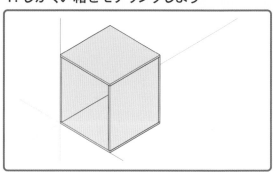

> **ポイント**
> 立体を作成した後で、必ずグループ化しておく

❶「長方形→プッシュ/プル」で底板を作成（300×300×9mm）
❷「コピー」で上板を作成（「移動」＋Ctrl、341mm）

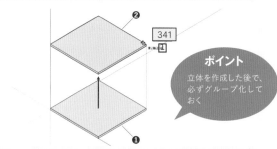

> **ポイント**
> すでに作成した部分の端点を基準にして長方形を作成する

❸「長方形→プッシュ/プル」で背板を作成（300×9×332mm）

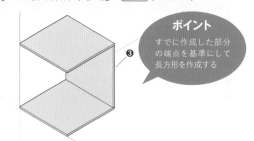

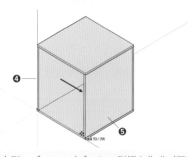

❹「長方形→プッシュ/プル」で側板を作成（厚さ9mm）
❺「コピー」でもう片方の側板を作成

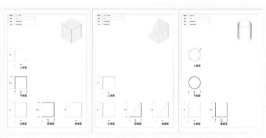

チャレンジ！
アイソメ図をPNGファイルとして取り出せたら、これまで作成してきたAutoCAD図面にアタッチして（25ページ参照）、A4のPDFファイルに出力しよう。

2. さんかくの箱をモデリングしよう

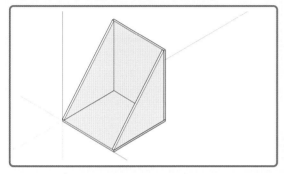

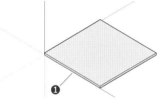

❶「長方形→プッシュ /プル」で底板を作成
（300×300×9mm）

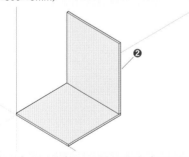

❷「長方形→プッシュ /プル」で背板を作成（300×9×341mm）

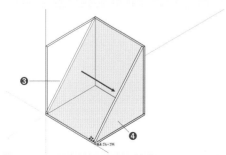

❸「線→プッシュ /プル」で側板を作成（厚さ9mm）
❹「コピー」でもう片方の側板を作成

3. まるい箱をモデリングしよう

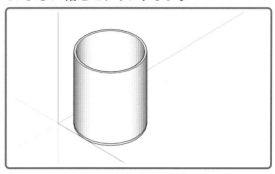

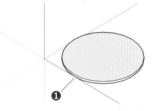

❶「円→プッシュ /プル」で底板を作成
（半径150mm 厚さ9mm）

ポイント
モデルが重なるとこのような模様になるが気にしない

9
距離 9

❷「円」で底板の上面と同じ面を作成
❸「オフセット」で側板の厚み分を作成（9mm）

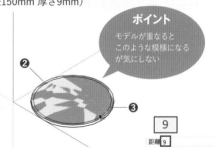

ポイント
まず円の内側の面を消去して、側板の厚み部分だけにしておく

341
距離 341

❹ 円の内側の面を消去して、側板の厚み部分を「プッシュ /プル」して側板を作成（341mm）

1 ちいさな小屋を作図しよう

● 3_2_1_sakuzu.dwg

アイソメ図と図面名が記された視点を参考にして、作図ファイル（3_2_1_sakuzu.dwg）を開いて下図のように作図しよう。解説を参考にして作図し、解説にない図面は自分で考えて作図して、完成したらPDFファイルに出力しよう。

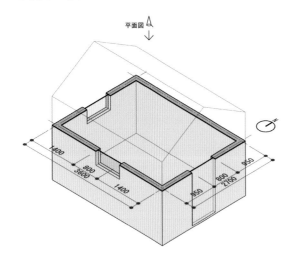

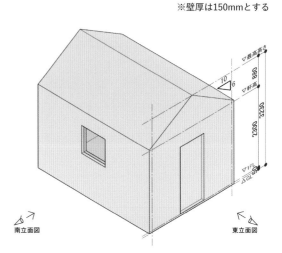

※壁厚は150mmとする

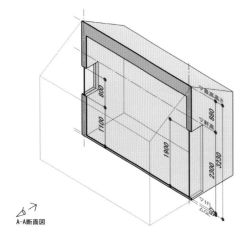

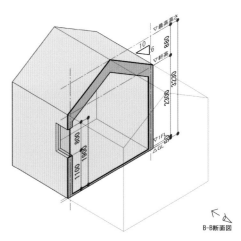

練習用の縮尺

1：100の縮尺で描画する内容の図面であるが、練習のため1：50の縮尺に拡大して描画することとしている。

通り芯を描く

建物の平面図は、柱や壁の中心を通る通り芯を基準線として最初に描く。
※壁厚の寸法は描かなくてよい。

7575
150

画層について

ファイルにはあらかじめ右の画層を作成しており、通り芯などの基準となる線を描く時は一点鎖線の基準線、断面線を描く時は太い断面線といったように、画層を切り替えて作図する。

- ■ 0
- 01基準線
- ■ 02断面線
- ■ 03見えがかり線
- □ 04建具
- □ 05文字
- ■ 06寸法線
- ■ 07その他
- ■ 08図面枠
- □ 09補助線
- ■ Defpoints

AutoCADで作業

1. 平面図を作図しよう

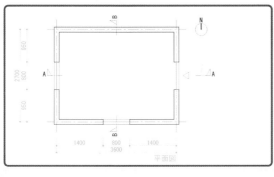

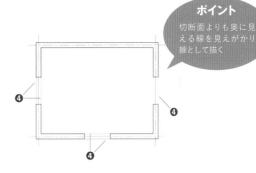

ポイント
切断面よりも奥に見える線を見えがかり線として描く

❹見えがかり線を描く

❶通り芯を描く

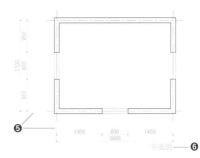

❺寸法を記入
❻図面名を記入

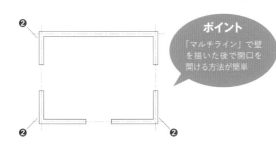

ポイント
「マルチライン」で壁を描いた後で開口を開ける方法が簡単

❷壁を描く（壁厚150mm）

ポイント
建具の画層で作図し、切断線の方をプロパティパネル上で太い線に変更

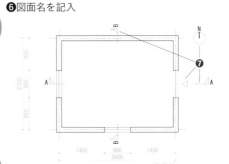

❼その他、図面に必要な情報を描く

❸建具を描く

2. B-B 断面図を作図しよう

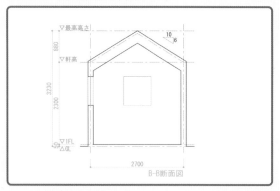

高さの基準線、屋根の基準線を描く

建物の立面図、断面図では通り芯に加え、床面や地盤面（GL）などの面を通る高さ方向の基準線を最初に描く。
また、通り芯と軒高の交点から、屋根勾配の基準線を描き、屋根と天井を作図する際の基準とする。
※右図の位置に屋根と天井を作図。これらの寸法は描かなくてよい。

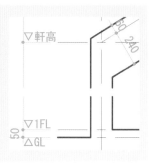

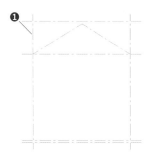

❶通り芯、基準線を描く

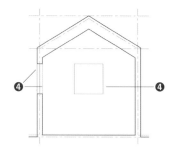

❹見えがかり線を描く

❷壁、床、天井、屋根、地盤面などの断面線を描く

❺寸法を記入して、基準線の文字を記入
❻図面名を記入

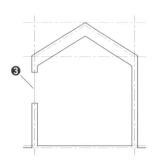

❸建具を描く

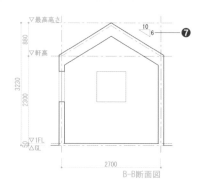

❼その他、図面に必要な情報を描く

3. 南立面図を作図しよう

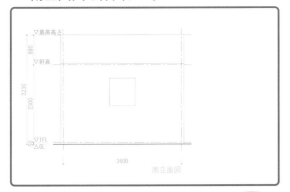

図面をそろえる

複数の図面をならべる際は、上下と左右で位置をそろえる。

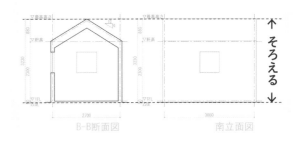

B-B断面図　　南立面図

ポイント
B-B断面図で作図した
通り芯、基準線など
を複写してもよい
※幅は調整

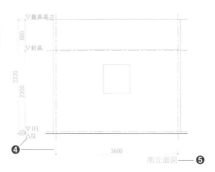

❶通り芯、基準線を描く

❹寸法を記入して、基準線の文字を記入
❺図面名を記入

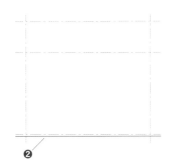

❷地盤面の断面線を描く

ポイント
B-B断面図から屋根
と壁との角の高さを
読み取る

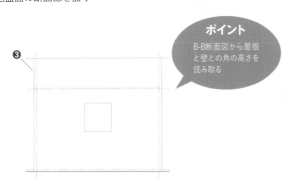

❸見えがかり線を描く

89

2 ちいさな小屋をモデリングしよう

● 新規モデル　※SketchUp Freeの場合は3_2_2_modeling-free.skp

これまで作図したちいさな小屋を、前のページのアイソメ図を参考にして、SketchUpの新規モデルを作成してモデリングしてみよう。

SketchUpで作業

1. ちいさな小屋をモデリングしよう

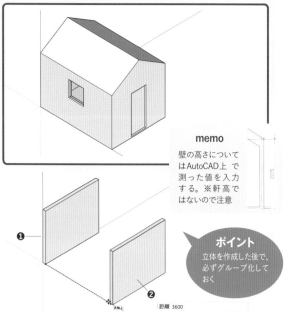

memo
壁の高さについてはAutoCAD上で測った値を入力する。※軒高ではないので注意

ポイント
立体を作成した後で、必ずグループ化しておく

距離 3600

❶「長方形→プッシュ/プル」で西側の壁を作成
❷「コピー」で東側の壁を作成

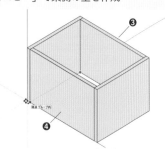

❸「長方形→プッシュ/プル」で北側の壁を作成
❹「コピー」で南側の壁を作成

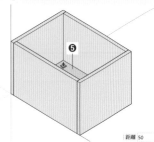

距離 50

❺「長方形→プッシュ/プル」で床を作成

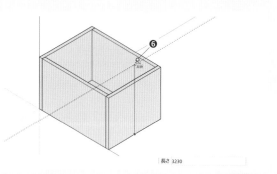

長さ 3230

❻壁下部のエッジから「メジャー」でガイドを引き出し、最高高さのところに配置

ポイント
それぞれのグループ内に入った状態で「線→移動」の作業を行う

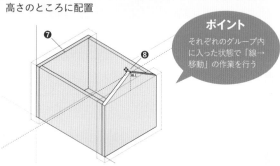

❼「線」で東西の壁の上面中心にエッジを描く
❽エッジをガイドまで「移動」して家形の形状とする

ポイント
グループ内で長方形を「プッシュ/プル」して押し込み、面上と出たところでクリック

❾「長方形→プッシュ/プル」で窓の開口を開ける
❿同様にして扉の開口を開ける

モデリングと通り芯

モデリングする際は、通り芯を描いてそれを基準にモデリングするといった手順はとらなくてよい。ただし、壁と壁の間の寸法がどれくらいになるかなどは通り芯間の寸法から判断するように、頭の中では意識する。

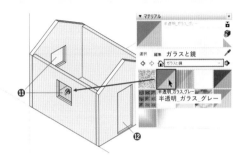

⓫「長方形」で窓を作成し、半透明に「ペイント」
⓬「長方形→プッシュプル」で扉を作成（厚さ50mm）

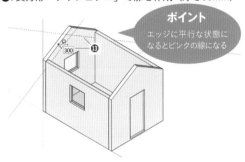

ポイント
エッジに平行な状態になるとピンクの線になる

⓭壁上部の斜めのエッジを「メジャー」でクリックし、屋根の厚み分だけ平行にガイドを引き出す

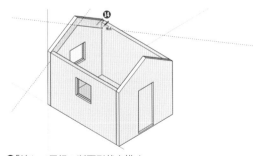

⓮「線」で屋根の断面形状を描く

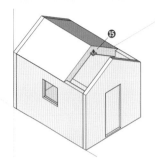

⓯断面形状を「プッシュ/プル」して屋根を作成

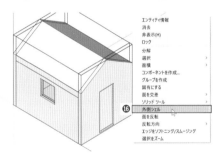

⓰壁、床、屋根を選択して「右クリック→外側シェル」として一体化する

1 ちいさな小屋のパースをつくろう

● 前ページで作成したモデル

SketchUpで作成したちいさな小屋のモデル上で、シーンや影を設定して、好きなテクスチャや家具の3Dモデル、人物や植物の画像をインポートして、オリジナルのパースを作成しよう。満足のいくパースが完成したら、JPGファイルとして出力しよう。

SketchUpで作成したちいさな小屋

好きなものを選んでインポート

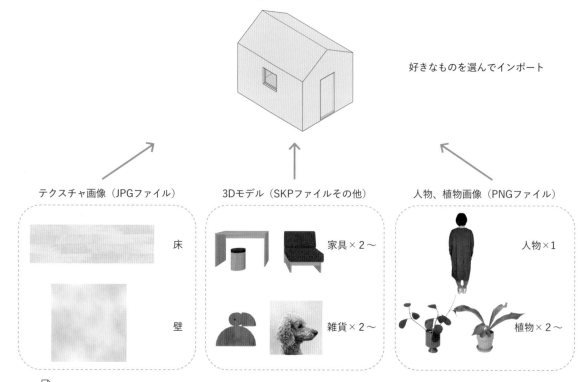

テクスチャ画像（JPGファイル）　　　3Dモデル（SKPファイルその他）　　　人物、植物画像（PNGファイル）

床　　　家具×2〜　　　人物×1

壁　　　雑貨×2〜　　　植物×2〜

ワークシート出力情報：JPGファイル（メニューバー→ファイル→エクスポート→2Dグラフィック→ファイルの種類をJPGファイルとしてエクスポート）

1. 室内パースのシーンを追加しよう

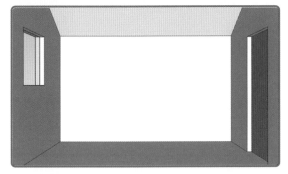

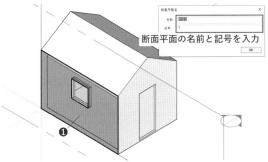

断面平面名
名前：
記号：
OK

断面平面の名前と記号を入力

❶「断面平面」で南側の壁をクリックして、断面平面
を表示させ、名前と記号を入力する

❷移動
❸
❷断面平面を小屋の中が見える位置まで「移動」
❸「カメラを配置」で小屋前から緑の軸上にドラック

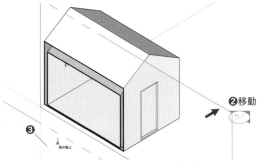

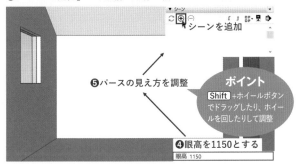

▼ シーン
シーンを追加

❺パースの見え方を調整

ポイント
Shift +ホイールボタン
でドラッグしたり、ホイー
ルを回したりして調整

❹眼高を1150とする
眼高 1150

❹「ピボット」に切り替わるので眼高を数値入力
❺パースの見え方を調整して、シーンを追加

2. 影の設定をしてシーンを更新しよう

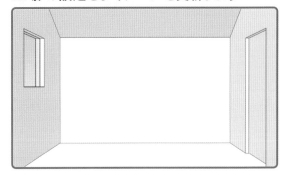

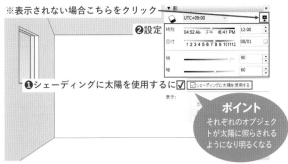

※表示されない場合こちらをクリック

▼ 影
UTC+09:00
❷設定
時刻 04:52 AM 正午 6:41 PM 12:00
日付 1 2 3 4 5 6 7 8 9 10 11 12 08/01
明 90
暗 60

❶シェーディングに太陽を使用するに ☑シェーディングに太陽を使用する

表示：

ポイント
それぞれのオブジェク
トが太陽に照らされる
ようになり明るくなる

❶シェーディングに太陽を使用するにチェックを入れる
❷時刻、日付、明、暗の設定を行う

▼ シーン
❹シーンを更新
シーンを更新 なし
正例なし

☑アニメーションに含める(I)
名前：シーン1
説明：
保存するプロパ ☑カメラの位置
ティ ☑最上位の非表示ジオメトリ
☑非表示オブジェクト
☑表示タグ
☑アクティブな断面平面
☑スタイルとフォグ
☑影設定

❸影設定にチェックを入れる

❸シーンのトレイの影設定にチェックを入れる
❹シーンを更新をクリック

テクスチャ画像（JPGファイル）を準備する

仕上げのテクスチャについては、以下のいずれ
かの方法で準備しておく。
①フリー素材を配布しているサイトから
　ダウンロード
②Photoshopなどを使ってシームレスな
　テクスチャを作成する
③この教科書で準備したものをダウンロード
　※上二つが難しい場合

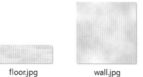

floor.jpg　　　　　wall.jpg

マテリアルはデフォルトとしておく

Windowsの場合、テクスチャをインポートする際にマテリアルを
デフォルトにしておく。※マテリアルの設定が引き継がれるため

3. 床のテクスチャをインポートしよう

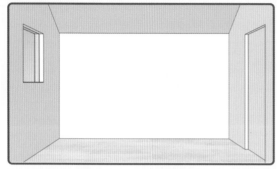

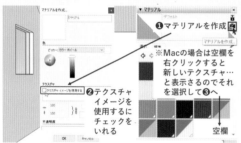

❶マテリアルを作成

※Macの場合は空欄を
右クリックすると
新しいテクスチャ…
と表示さるのでそれ
を選択して❸へ

空欄

❷テクスチャイメージを
使用するに
チェックを
いれる

❶マテリアルトレイの、マテリアルを作成をクリック
❷テクスチャイメージを使用する、に ☑

❸テクスチャ
画像を選択
して開く

※すべての
イメージ
形式とし
て

❹縦横比を固定したまま高さの
ところにフローリングの幅、
枚数に合わせた数値を入力
してOKをクリック

❸任意のテクスチャ画像を選択して開く
❹テクスチャのサイズを数値入力

ポイント
フローリング幅は通
常90～120mm程度で、
枚数からテクスチャ
の大きさを判断する

❺躯体のグループ
の中に入る

❻マテリアルを選択
して床面をペイント

❺躯体のグループの中に入る
❻作成されたマテリアルを選択し床面を「ペイント」

4. 壁のテクスチャをインポートしよう

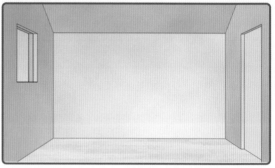

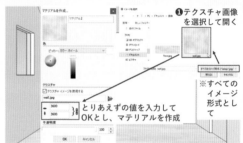

❶テクスチャ画像
を選択して開く

※すべての
イメージ
形式とし
て

とりあえずの値を入力して
OKとし、マテリアルを作成

❶床と同じようにして任意のテクスチャ画像を選択し
　壁のマテリアルを作成

ポイント
グループ内でペイント
されているもの以外は
全てペイントされる。

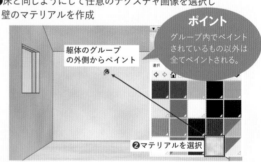

躯体のグループ
の外側からペイント

❷マテリアルを選択

❷作成されたマテリアルを選択し、躯体のグループの外
　側から「ペイント」

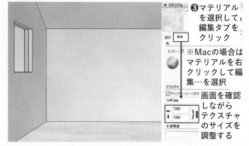

❸マテリアル
を選択して
編集タブを
クリック

※Macの場合は
マテリアルを右
クリックして編
…を選択

画面を確認
しながら
テクスチャ
のサイズを
調整する

❸テクスチャを選択した後で、編集タブをクリックして
　サイズを数値入力して調整を行う

3Dモデルの入手方法

「3D Warehouse」のホームページ上からも3Dモデルをダウンロードできる。その他にもSketchUpの3Dモデル（SKPファイル）をダウンロードすることができるサイトもあるので、それらも活用する。

low sofa.skp

desk & chair.skp

マテリアルも「3D Warehouse」からダウンロードできる

最新の「3D Warehouse」ではMaterialsタブでが追加され、マテリアルをダウンロードして直接モデル内にペイントすることができるようになったので、それも活用しよう。

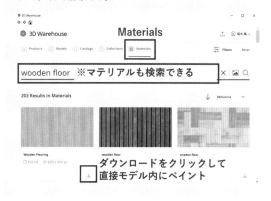
ダウンロードをクリックして
直接モデル内にペイント

5. 家具の 3D モデルをインポートしよう

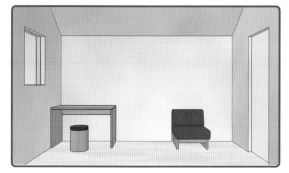

❶サインイン状態で、3D Warehouseをクリック
❷検索欄に家具の種類などを英語で入力して検索

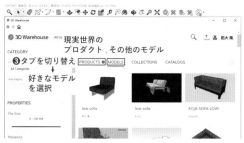

❸モデルの属性別に分かれたタブを切り替えて、
　好きなモデルを選択

❹ダウンロードをクリックして、
　直接モデル内にロードする

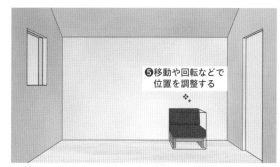

❺「移動」や「回転」で家具の位置を調整する

❻同じようにして他の家具をインポート、またはモデリングする

人物・植物画像（背景の透明なPNGファイル）を準備する

人物・植物画像については、以下のいずれかの方法で準備しておく。
①フリー素材を配布しているサイトからダウンロード
②自分で撮影した写真をiPhoneやPhotoshopなどでトリミングする
③この教科書で準備したものをダウンロード　※上二つが難しい場合

woman.png

plant01.png

6. 人物・植物画像をインポートしよう

❶あらかじめPNG画像の大きさを確認しておく
❷PNG画像と縦横の比率が同じ長方形を作成する

512×1580(身長)

❷同じ比率の長方形を作成

400×1235

❶あらかじめデスクトップ上でPNG画像の大きさを確認しておく

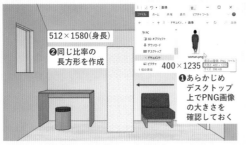

画像を選択

※サポートされているすべてのタイプとする

画像の使用方法：テクスチャとしてインポート

❸インポート

❸ファイル→インポートを選択して、画像の使用方法をテクスチャとしてインポート

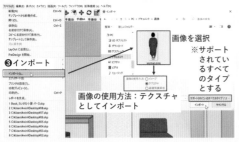

❺対角線上の端点をクリック

❹原点に近い端点をクリック

❹長方形の、原点に近い方の端点をクリック
❺対角線上の端点をクリックして画像を配置

人物の影を落とすには

PNGファイルをテクスチャとしてインポートした人物や植物のオブジェクトは、影を落とす設定にしても、元の長方形の影しか落とさない。外観パースなどでそれらの影を落としたい場合は、「フリーハンド」で人や植物のアウトラインを囲って、人物以外を非表示にするとよい。

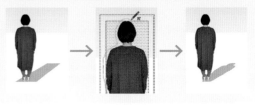

❻面と4本のエッジを選択した状態で右クリックして、コンポーネントを作成として図のように設定する

常にカメラに対面する

選択内容をコンポーネントに置換する

として作成

❻コンポーネントを作成

ポイント
コンポーネントをダブルクリックして中に入る。外に出る時は外側をクリックする。

❽周囲の4本のエッジを非表示

❼コンポーネントの原点が中心となるよう移動

❼コンポート内に入り、原点が中心となるよう全体移動
❽周囲の4本のエッジを選択して非表示とする

❾人物の位置を調整

❿同じようにして植物をインポート

❾コンポーネントの外に出て、人物の位置を調整
❿同じようにして植物をインポートして配置する

チャレンジ！

パースをJPGファイルとして取り出せたら、これまでに作成した
AutoCAD図面にアタッチして（25ページ参照）、A3のPDFファイルに出
力しよう。

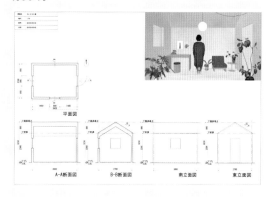

7. パースを調整して完成させよう

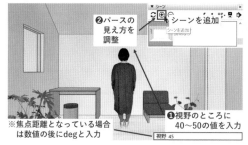

❶「ズーム」で 視野の数値を変更し、画角を広げる
❷パースの見え方を調整して、シーンを追加

❸スタイルを図のように設定する
❹シーンを追加をクリック

❺エッジ・外形線ありのシーン、なしのシーンを切り替えな
がら作業をすすめる

❻雑貨、照明などをインポート、またはモデリングする

❼家具、植物などをさらに配置して位置を調整し、パースを仕
上げる

第2部

Photoshop+Illustrator基礎編

ドリルではPhotoshopとIllustratorの基本的な使い方を学ぼう。作業環境を整えて、基本的なツールの練習し、問題を進めながら、使用頻度の高いツールを覚えていこう。基本的なツールに慣れることができた後は、Photoshopでは画像の加工について学び、Illustratorではレイアウトについて学ぼう。最後に、ドリルで学んだツールや考え方を使用して、簡単なプレゼンボードを作成してみよう。

❹ **Photoshopドリル**

【1】**Photoshopの概要**
❶Photoshopの画面を整えよう
❷レイヤーについて

【2】**Photoshopの基礎**
❶Photoshopの基本ツールの使い方
❷画像の調整
❸画像の切り抜き
❹画像の色調変更
❺模型写真への合成

❺ **Illustratorドリル**

【1】**Illustratorの概要**
❶Illustratorの画面を整えよう
❷レイヤーについて

【2】**Illustratorの基礎**
❶Illustratorの基本ツールの使い方
❷ガイドの作成と画像の配置・整列
❸クリッピングマスクと透明マスク

❻ **Photoshop+Illustrator連携ワーク**

【1】**プレゼンボードを作成しよう**
❶レイアウトの練習1
❷レイアウトの練習2

Photoshop

基本ツール

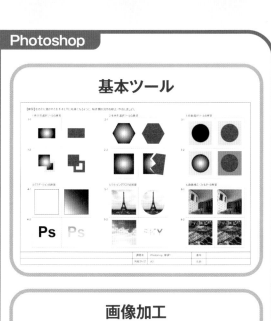

画像加工

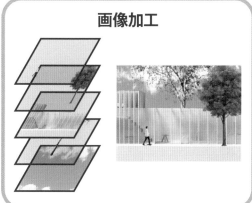

Illustrator

基本ツール

レイアウト

Illustrator　Photoshop

プレゼンボード

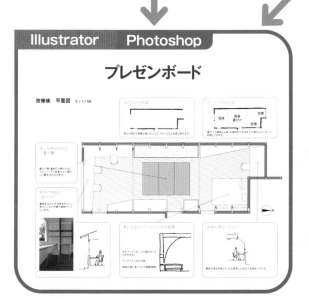

改修後　平面図　S = 1/50

Illustrator

プレゼンボード

1 Photoshop の画面を整えよう

Photoshopは、最も代表的な画像編集ソフトの一つである。建築分野では図面の着彩、模型写真やCGパースの修正・加工などに利用されている。ここでは、Photoshopの画面構成を確認し、よく使うツールやパネルの位置などを確認しよう。特に、初期設定で表示されていないパネルがあるので作業しやすいように画面構成を整えよう。

1. Photoshopの画面構成

	名称	説明
❶	メニューバー	メニューバーは、ファイル、編集、レイヤー、選択範囲といったファイルの保存、画像を編集する操作、ソフトウェアの設定に関する操作などができる。
❷	ツールバー	ツールバーは、移動ツール、選択ツールなど、使用頻度の高いツールが配置されている。
❸	オプションバー	現在選択しているツールで使用できるオプションが表示され、パラメータの変更などができる。
❹	パネル	パネルは、作業中のファイルの各種変更や確認などに使用できる。代表的なものに、レイヤーパネル、ヒストリーパネル、カラーパネルなどがある
❺	ドキュメントウィンドウ	ドキュメントウィンドウは、作業中のファイルが表示される。複数開くこともでき、タブ表示やウィンドウ別に表示することができる。

2. ツールについて

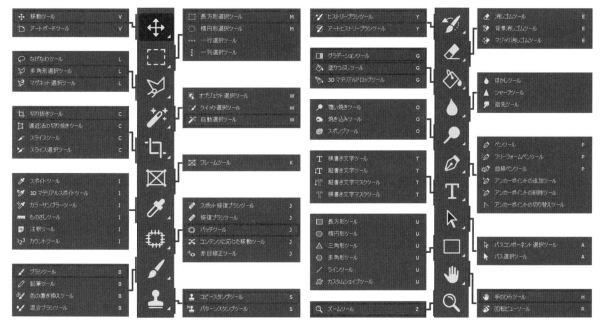

各ツールのボタンを右クリックすると非表示状態のツールが展開される。Photoshopには非常に多くのツールや機能が搭載されているが、本書では基本的な使い方を理解するために、使用するツールは最小限に止めている。原則として、赤枠で囲ったツールを中心に使用するが、本書では触れないツールも多くあるため、Photoshopに慣れてきたら、ぜひいろいろ試してみてほしい。

3. ショートカットキー

ショートカットキーを覚えておくと、効率よく作業することができる。キーボードの赤枠で囲われたショートカットキーは使用頻度が高いので覚えておくとよい。

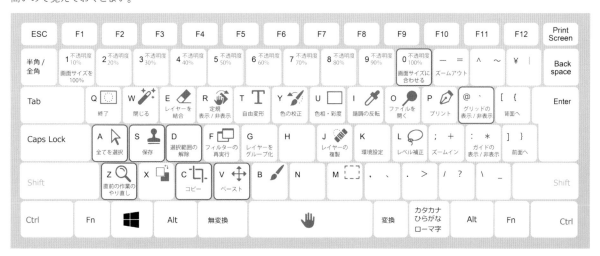

Ctrl + Z ／ Shift + Ctrl + Z	取り消し／やり直し
Ctrl + S	保存
Ctrl + C ／ Ctrl + V	コピー／ペースト
Ctrl + D	選択範囲の解除
Ctrl + 0	カンバスを画面サイズに合わせる
Ctrl + @	グリッドの表示と非表示の切り替え
space +ドラッグ／ Alt +マウスホイール	カンバスの移動（手のひらツール）／拡大・縮小

4. パネルについて

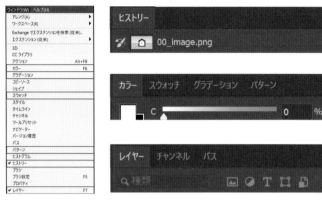

「メニューバー→ウィンドウ」から、各種パネルを表示できる。初期状態として、ヒストリー、カラー、スウォッチ、グラデーション、パターンレイヤーなどを表示しておく。作業に慣れてきたら自分なりに、便利なパネルを表示してカスタマイズしよう。また誤って、パネルを閉じてしまった場合なども、ウィンドウからパネルを表示するようにしよう。

5. 環境設定：単位

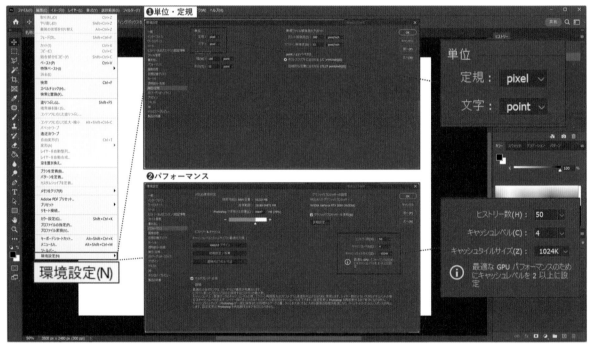

「メニューバー→編集→環境設定」

❶ 単位・定規から、定規pixel、文字pointとする。文字に関しては、Web制作などではpixelを使用する場合が多いが、印刷を前提とする建築系ではpointのままの方が理解しやすい。状況に応じて変更しよう。

❷ ヒストリー数は作業の取り消しを遡れる回数だが、あまり多いとパソコンのメモリー使用量が増え動作が重くなることがある。使用するPCや作業する環境に応じて、動作が遅いと感じる場合などは調整してみよう。

2 レイヤーについて

● 4_1_1 layer.psd

1. レイヤーとは

レイヤーとは層状に重ねることのできるフィルムのようなものである。それぞれのレイヤーを個別に加工することで、全体の編集を効率的に行うことができる。

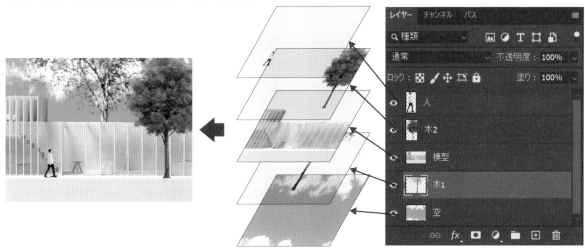

上の図は、人、木2、模型、木1、空という5枚のレイヤーで構成された画像となっている。レイヤーパネルでは、レイヤーの重なり順が表示にそのまま反映される。

2. 新規レイヤーの作成と名前の変更

❶レイヤーパネルの「新規作成」をクリックする
❷レイヤーをダブルクリックすると名前を変更できる

3. レイヤーの削除

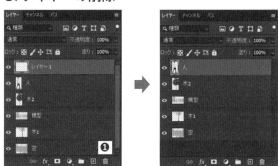

❶削除するレイヤーを選択し、「レイヤーを削除（ごみ箱）」を
　クリックする

4. レイヤーの重ね順の変更

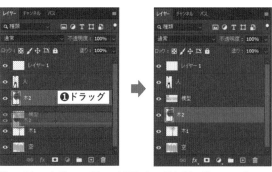

❶レイヤーをドラッグし、変更したい重ね順に持っていく

木2のレイヤーが模型の背面に移動した

1 Photoshop の基本ツールの使い方

● 4_2_1_rensyu_1.psd

ここでは、Photoshopを利用して作品を制作する前に知っておくべき基本的ツールの使い方について解説する。

練習1のファイルを開く

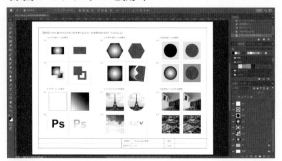

4.2_rensyu_1.psdを開く

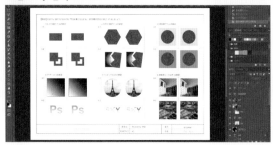

作業が全て終わったら、PhotoshopのPSDファイルは保存しておき、別に「メニューバー→ファイル→別名で保存→ファイルの種類：Photoshop PDF」で保存する。PDFで保存するときに「一般→Photoshop編集機能を保持」にチェックを入れる

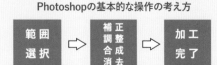

Photoshopの基本的な操作の考え方

範囲選択 ⇒ 補正調整合成消去 ⇒ 加工完了

↑ 繰り返す

Photoshopの基本的な操作の流れは、「範囲選択」→「加工」の繰り返しです。範囲選択の概念は、CADやIllustratorとは少し異なったものなので、慣れるまで繰り返し練習しよう。

手のひらツール：画面移動
spaceを押しているときはいつでも使用できる

ズームツール：拡大縮小
いつでも拡大縮小可能 [Alt]＋マウスホイール
いつでも拡大可能 [Ctrl]＋[space]
いつでも縮小可能 [Alt]＋[space]

取り消し/やり直し：
ひとつもどる [Ctrl]＋[z]
ひとつすすむ [Ctrl]＋[shift]＋[z]

ツールバー「手のひらツール」、「ズームツール」を選択し、画面移動、拡大縮小をそれぞれ試してみる

1-1. 長方形選択ツール

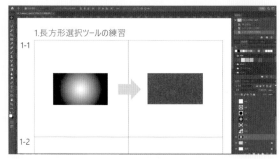

これ以降、背景、枠レイヤーは常に表示し、作業するレイヤー以外は非表示とする　1-1レイヤーを表示する

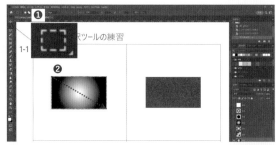

❶ツールバー「長方形選択ツール」を選択する
❷塗りつぶしたい範囲を囲むように、クリック＆ドラッグする

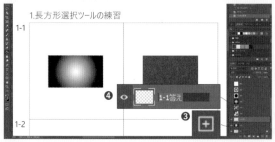

❸レイヤーパネル新規レイヤーを作成をクリックする
❹レイヤーの名前を1-1答えに変更する

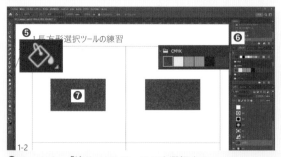

❺ツールバー「塗りつぶしツール」を選択する
❻描画色を「スウォッチパネル→CMYK→CMYKレッド」
❼レイヤー 1-1答えを選択した状態で、選択範囲を塗りつぶす

1-2. 長方形選択ツール
（選択範囲の追加・削除）

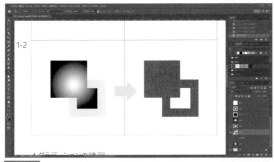

準備 <u>1-2</u>レイヤーのみを表示する

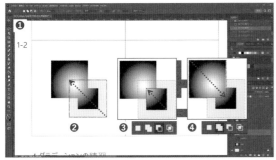

❶ツールバー「長方形選択ツール」を選択する
❷図の四角形を囲む
❸オプションバー<u>現在の選択範囲から一部削除</u>をクリックし、図の四角形を囲む
❹オプションバー<u>選択範囲に追加</u>をクリックし、図の四角形を囲む

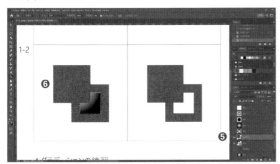

❺新規レイヤーを作成し、名前を<u>1-2答え</u>に変更する
❻選択範囲を赤色（CMYKレッド）で塗りつぶす

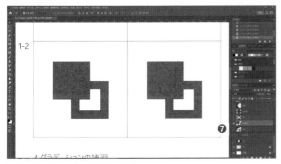

❼<u>1-2</u>レイヤーを非表示にする

2-1. 多角形選択ツール

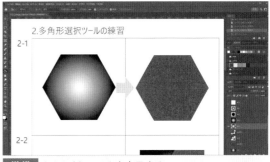

準備 <u>2-1</u>レイヤーのみを表示する

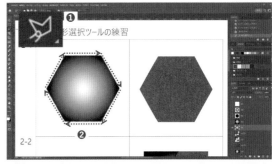

❶ツールバー「多角形選択ツール」を選択する
❷六角形の頂点を順にクリックする

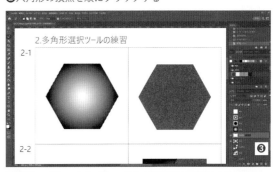

❸新規レイヤーを作成し、名前を<u>2-1答え</u>に変更する

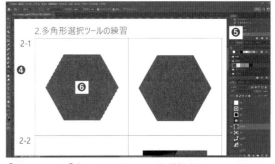

❹ツールバー「塗りつぶしツール」を選択する
❺描画色を「スウォッチパネル→CMYK→CMYKレッド」
❻レイヤー <u>2-1答え</u>を選択した状態で、選択範囲を塗りつぶす

2-2. 多角形選択ツールと回転

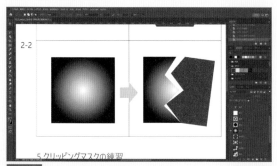

準備 2-2レイヤーのみを表示する

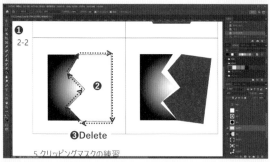

❶ツールバー「多角形選択ツール」を選択する
❷選択したい範囲の頂点を順にクリックする（形は大体でよい）
❸ Delete で削除する

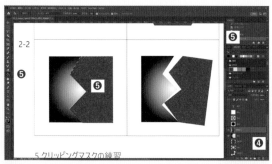

❹新規レイヤー作成し、レイヤー名を2-2答えに変更する
❺「塗りつぶしツール」で選択範囲を赤色（CMYKレッド）で塗りつぶす

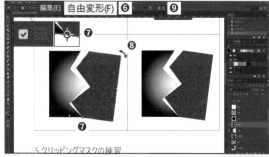

❻「メニューバー→編集→自由変形」
❼オプションバー基準点の表示・非表示を切り替えにチェックを入れ、基準点を左下の角に移動する
❽回転させる　❾オプションバー○を押す

3-1. 自動選択ツール

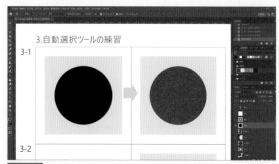

準備 3-1レイヤーのみを表示する

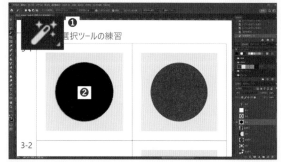

❶ツールバー「自動選択ツール」を選択する
❷黒円の中をクリックする

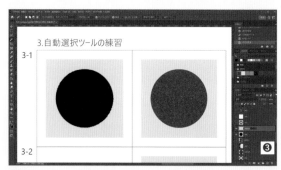

❸新規レイヤーを作成し、名前を3-1答えに変更する

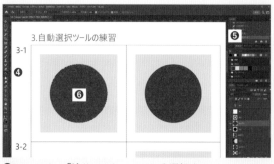

❹ツールバー「塗りつぶしツール」を選択する
❺描画色を「スウォッチパネル→CMYK→CMYKレッド」に変更する
❻レイヤー 3-1答えを選択した状態で、選択範囲を塗りつぶす

3-2. 自動選択ツール / 選択範囲の反転

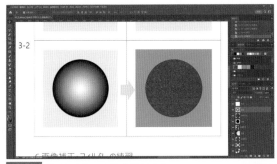

準備 3-2レイヤーのみを表示する

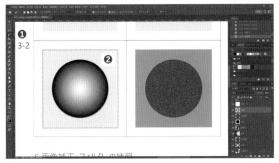

❶ツールバー「自動選択ツール」を選択する
❷図の灰色の部分をクリックする

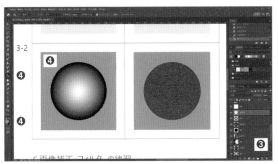

❸新規レイヤーを作成し、名前を3-2答えに変更する
❹ツールバー「塗りつぶしツール」で選択範囲を青色（CMYK
シアン）に塗りつぶす

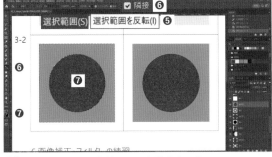

❺「メニューバー→選択範囲→選択範囲を反転」
❻ツールバー「塗りつぶしツール」を選択し、オプションバ
ー隣接にチェックを入れる
❼円の部分を赤色（CMYKレッド）に塗りつぶす

4-1. グラデーションツール

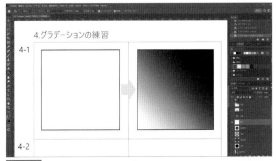

準備 4-1レイヤーのみを表示する

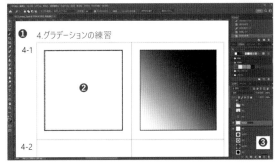

❶ツールバー「自動選択ツール」を選択する
❷四角部分をクリックする
❸新規レイヤーを作成し、名前を4-1答えに変更する

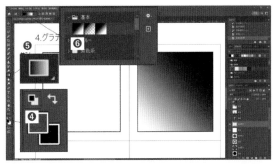

❹ツールバー描画色と背景色を初期設定に戻すをクリックする
❺ツールバー「グラデーションツール」を選択する
❻「オプションバー→グラデーションプリセットを選択および
管理→基本→描画色から背景色へ」

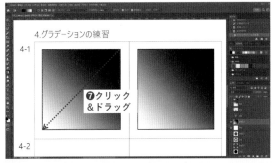

❼選択範囲の右上から左下にクリック＆ドラッグする

4-2. グラデーションツール（文字）

準備 <u>4-2</u>レイヤーのみを表示する

❶「レイヤーパネル→レイヤースタイルを追加→レイヤー効果」

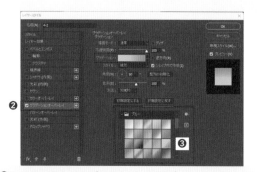

❷<u>レイヤースタイル</u>ダイアログの<u>グラデーションオーバーレイ</u>を選択し、チェックを入れる
❸「グラデーション→ブルー→青_15」を選択する

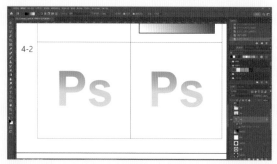

効果を追加できた。他にも様々な効果があるので試してみるとよい

5-1. クリッピングマスク（シェイプ）

準備 <u>5-1</u>レイヤーを表示する

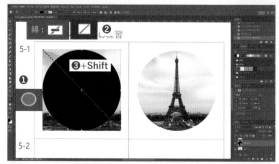

❶ツールバー「楕円形ツール」を選択する
❷「オプションバー→シェイプの線の種類を設定→カラーなし
❸ shift を押しながら、クリック＆ドラッグで円を描く

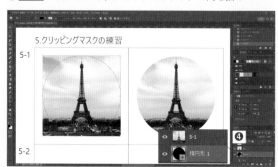

❹<u>楕円形1</u>レイヤーを<u>5-1</u>レイヤーの下に移動する

❺<u>5-1</u>レイヤーを選択する
❻「メニューバー→レイヤー→クリッピングマスクを作成」

5-2. クリッピングマスク（文字）

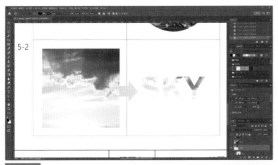

準備 | 5-2レイヤーのみを表示する

❶ツールバー「横書き文字ツール」を選択する
❷オプションバー：Arial、Bold、48ptとする
❸画面上でクリックし、SKYと入力する

❹ツールバー「移動ツール」を選択する
❺文字を画像の中心に移動する

❻文字SKYレイヤーを5-2レイヤーの下に移動する
❼「メニューバー→レイヤー→クリッピングマスクを作成」

6-1. 画像補正

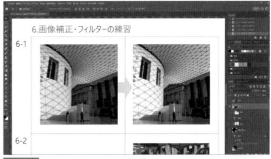

準備 | 6-1レイヤーのみを表示する

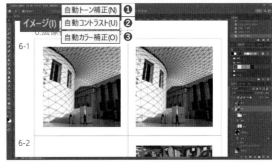

❶「メニューバー→イメージ→自動トーン補正」
❷「メニューバー→イメージ→自動コントラスト」
❸「メニューバー→イメージ→自動カラー補正」

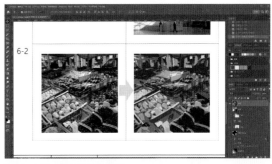

6-2レイヤーのみを表示する

❶「メニューバー→フィルター→フィルターギャラリー」
❷「アーティスティック→カットアウト」
❸レベル数4、エッジの単純さ4、エッジの正確さ2とし、OK
を押す
他にも様々なフィルターがあるので試してみるとよい

2 画像の調整

● 4_2_2_image_1.jpg

建物写真や模型写真などを撮影した場合、環境によっては暗くなってしまったり、後で見返してみるとゆがんでいることがよくある。Photoshopを使って、画像の明るさや歪みなどを調整してみよう。

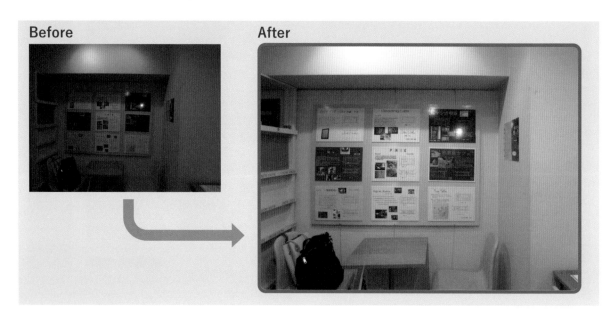

1. 明るさを調整する

画像ファイル(4_2_2_image_1)を開く
❶背景レイヤーのロックを解除する

❷「メニューバー→イメージ→色調補正→明るさ・コントラスト」を選択し、ダイアログを開く

❸明るさ120、コントラスト-30とする
❹プレビューにチェックし、確認する　❺OKを押す

明るさとコントラストが調整された

2. 画像のゆがみを調整する

❶「メニューバー→表示→表示・非表示→グリッド」を選択し、
　グリッドを表示する

グリッドが表示された
Ctrl +@ で表示・非表示を切り替えられる

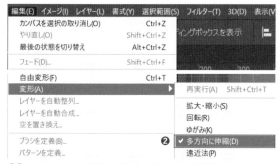

❷「メニューバー→編集→変形→多方向に伸縮」

❸バウンディングボックスの端点を<u>ドラッグ</u>し、グリッドに
　合わせながら画像の歪みを調整する

ポイント
端点を画像の外側に動かすと画像が粗くなることがあるので注意する

❹オプションバー〇を押す

❺ツールバーの「切り抜きツール」を選択する
❻オプションバー<u>比率</u>を選択する

❼切り抜きボックスのハンドルをそれぞれドラッグし、透明
　部分が含まれないように画像を切り抜く
❽オプションバー〇を押す

画像のゆがみが調整できた

3. 不要物の消去：スタンプツール

❶消去するポスターを拡大し、ツールバーの「コピースタンプツール」を選択する

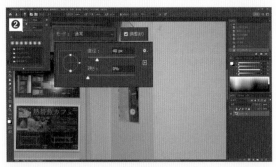

❷オプションバーのブラシの<u>直径40px</u>、<u>硬さ0％</u>にする<u>モード通常</u>、<u>調整あり</u>にチェックする

❸Altを押すとカーソルが図のように変化する。

❸ Alt +クリックして、コピー元を抽出する

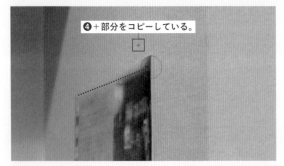

❹＋部分をコピーしている。

❹消去する部分をドラッグすると、＋の部分がコピーされ、塗りつぶされる

繰り返すと、不要部分を消去することができる

「調整あり」とは？

コピースタンプツールのオプションバーにある「調整あり」とはなにか？

コピースタンプツールでは Alt キーを押した場所を基点としてコピーする。

「調整あり」がオフの時
・ Alt キーを押した基点が移動せず、固定される。

調整なし

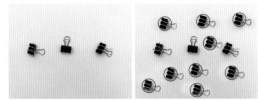

Altキーで選択した基準点が動かないため、同じ場所をいくつもコピーするのに適している。

「調整あり」がオンの時
・ Alt キーを押した基点とブラシの関係性が固定される。

調整あり

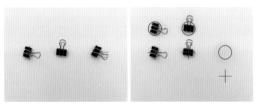

Altキーで選択した基準点とブラシの関係性（距離）が変わらない。背景（白い部分など）を利用して対象を消去したい場合に使うことが多い。

便利なパッチツール

Photoshopは様々なツールや機能があるため、同じ不要物を消去する場合でも様々なやり方がある。パッチツールを使えば削除したいところを囲んで移動させるだけで、周囲と馴染ませながら削除できる

芝生に寝転んでいる人や後ろの方にいる人を簡単に消すことができる上、自然な仕上がりになっている

目の粗い芝生の上にいる動物やその影も一緒に消すことができる

不要物の消去：パッチツール

前ページのポスターもパッチツールを使用すると簡単に消去できる。
不要物の消去をする場合、基本ツールとしてスタンプツールの使い方をまず覚えておく。使い方に慣れてくれば、ケースに合わせてパッチツールなどのツールを習得していくとよい。

❶ツールバー「パッチツール」を選択する

❷オプションバーパッチ通常、ソースを選択する

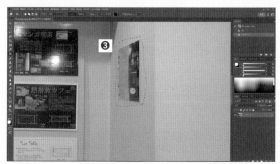

❸消去するポスターの周囲をドラッグして選択する

❹選択範囲内でクリックし、下方にドラッグする

❺「メニューバー→選択範囲→選択を解除」を選択する

3 画像の切り抜き

● 4_2_3_image_1.jpg

建築パースを作成したり、レタッチする場合に、様々な素材を合成する必要がでてくる。本項ではそのような素材を作成する例として、画像を切り抜いて人物の添景を作ってみよう。

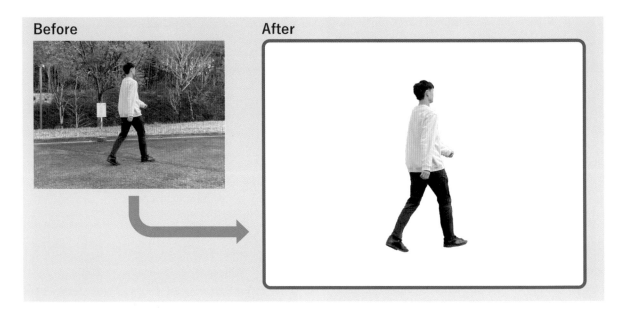

Before　　　　　After

1. 選択範囲を作成する

❶画像ファイル（4_2_3_image_1）を開き、レイヤーパネルの背景レイヤーのロックボタンを解除する

❷ツールバー「クイック選択ツール」を選択する

ショートカットキー
選択範囲追加： + shift
選択範囲削除： + alt

❸人物をクリックし、選択範囲を大まかに作成する

被写体を選択

被写体を選択をクリックすると写真の中のメインの被写体と思われるものに自動的に選択範囲を設定してくれる。その後に調整は必要となるが、人物の切り抜きには有効なので、試してみるとよい。

被写体を選択

2. 選択範囲を調整する

❶オプションバー 選択とマスク をクリックする

❷表示モードの 表示オーバーレイ に変更する

❸「ブラシツール」を選択する
❹＋で選択範囲を追加、−で選択範囲を除外することができる

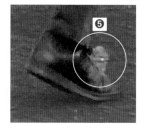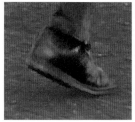

❺「ブラシツール」を使って、選択範囲を一部除外する（−でなぞる

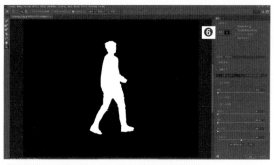

❻大まかに調整できたら、表示を白黒に変更する

ポイント
表示をオーバーレイと行き来しながら、修正が必要な部分を探す

❼「ブラシツール」を選択し、調整が必要な部分を微修正す

❽表示レイヤー上を選択し、状態を確認する
❾良ければ出力先で新規レイヤーを選択する
❿OKを押す

⓫「メニューバー→ファイル→書き出し→PNGとしてクイック書き出し」からファイルに名前を付けて保存しておく（PSDファイルも保存しておく）

4 画像の色調変更

● 4_2_4_image_1.jpg

建築やインテリアパースのレタッチを行う場合、様々な素材の色調を整えて違和感なく合成する必要がある。
本項では、木の色調を調整してみよう。

Before

After

1. 背景を消去する

画像ファイル（4_2_4_image_1）を開く

❸「メニューバー→選択範囲→選択範囲を反転」

❶ツールパネル「多角形選択ツール」を選択する
❷木を囲むようにクリックして選択する

❹ Delete キーを押して、芝生部分を削除する
❺ Ctrl + D で選択を解除する

2. 色調を修正する

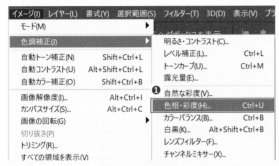

❶「メニューバー→イメージ→色調補正→色相・彩度

❷色相・彩度ダイアログの指のマークをクリックすると、カーソルがスポイトになる

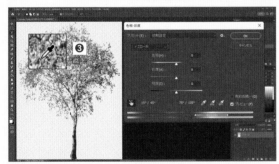

❸画像の調整したい色の部分をクリックすると、マスターからイエロー系に調整系が変更される

❹色相スライダーを動かすと、選択した特定の色が変更できる、ここでは色相60とする

❺彩度-20、明度-20とする

ポイント
ヒストリーブラシは塗った部分だけ以前の状態に戻すことができる

❻ツールバー「ヒストリーブラシ」を選択する
❼不透明度50%・モード通常とする
❽幹の緑色になってしまった部分をドラッグする

不要部分の消去と色相等を調整できた

❾「メニューバー→ファイル→書き出し→PNGとしてクイック書き出し」からファイルに名前を付けて保存しておく（PSDファイルも保存しておく）

5 模型写真への合成

模型写真へ背景や点景を合成してみよう。

4_2_5_image_1.jpg、4_2_5_image_2.jpg、4_2_5_image_3.png、4_2_5_image_4.png、4_2_5_image_5.png

Before **After**

1. 背景に空を合成する

❶画像ファイル(4.2_5_image_1)を開き、背景レイヤーのロックを解除する

❷レイヤー0の名前を模型に変更する
❸背景を各種選択ツールを使って、選択する

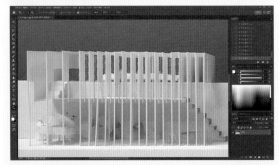

細かい部分も選択しておく、ここでは、「四角形選択ツール」を主に用いたが、どのツールを用いてもよい

❹「メニューバー→選択範囲→選択範囲を保存」
❺名前を空とする
❻OKを押す

画像ファイル(4_2_5_image_2)を開く

選択範囲(S)	フィルター(T)	3D(D)	表示
すべてを選択(A)			Ctrl+A
選択を解除(D)			Ctrl+D
再選択(E)			Shift+Ctrl+D
選択範囲を反転(I)			Shift+Ctrl+I
すべてのレイヤー(L)			Alt+Ctrl+A
レイヤーの選択を解除(S)			
レイヤーを検索			Alt+Shift+Ctrl+F
レイヤーを分離			

❼「メニューバー→選択範囲→すべてを選択」

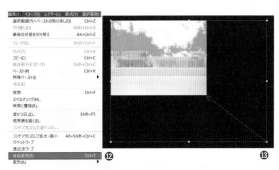

⑫「メニューバー→編集→自由変形」
⑬ハンドルをドラッグして縮小する

⑧「メニューバー→編集→コピー」

⑨4_2_5_image_1タブに戻り、「メニューバー→編集→特殊ペースト→選択範囲内へペースト」

2. 木を背景に合成する

❶「メニューバー→選択範囲→選択範囲を読み込む」
❷チャンネル空を呼び出す

⑩レイヤー1が作成され、画像が合成される
　レイヤー1の名前を空に変更しておく

❸画像ファイル(4_2_5_image_3)を開く
❹ Ctrl + A ですべて選択する
❺ Ctrl + C でコピーする

⑪「メニューバー→イメージ→色調補正→色相・彩度」を選択し、彩度－65、明度+30とする

❻4_2_5_image_1タブに戻り、同様に「選択範囲内へペースト」する
❼レイヤー2の名前を木1に変更する

⑧「メニューバー→編集→自由変形」
⑨ハンドルをドラッグして適当な大きさに縮小する

⑭レイヤー木1を新規レイヤーを作成にドラッグし、2回コピーする
⑮コピーした木を適当な場所に移動させる

3. 木を前面に合成する

⑩木を適当な場所に移動させる

画像ファイル(4_2_5_image_4)を開く
❶ Ctrl + A で「すべて選択」する
❷ Ctrl + C で「コピー」する

⑪レイヤーパネルの不透明度50%に変更する

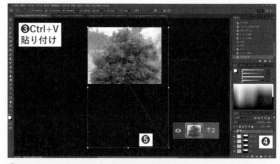

❸4_2_5_image_1タブに戻り、 Ctrl + V 「ペースト」
❹レイヤー 3の名前を木2に変更する
❺「メニューバー→編集→自由変形」で適切な大きさに変更する

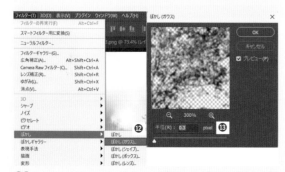

⑫「メニューバー→フィルター→ぼかし→ぼかし（ガウス）」
　を選択する
⑬半径0.3pixelとする

❻ツールバー「移動ツール」を選択し、適当な場所に配置する

❼木1と同様に、レイヤーパネルの不透明度50%に変更する
❽フィルターぼかし（ガウス）を適用する

4. 人を合成する

画像ファイル(4_2_5_image_5)を開き、木と同様に4_2_5_image_1にペーストする

❶木と同様に、大きさを調整し、配置する
❷レイヤー名を人に変更しておく

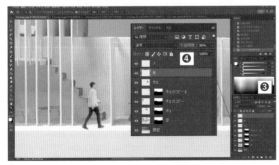

❸人レイヤーの透明度を50%に変更する
❹人レイヤーのコピーを作成し、名前を影、不透明度30%にする

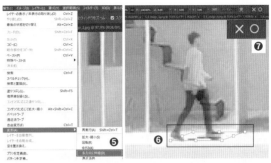

❺「メニューバー→編集→変形→多方向に伸縮」
❻ハンドルをドラッグし影のような形にする
❼オプションバー〇を押す

❽「メニューバー→イメージ→色調補正→色相・彩度」を選択し、明度を－100に変更する

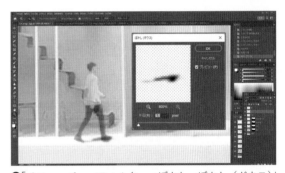

❾「メニューバー→フィルター→ぼかし→ぼかし（ガウス）」を選択し、半径0.5pixelとする

❿人 レイヤーを 影 レイヤーの上に持っていく
「メニューバー→ファイル→書き出し→PNGとしてクイック書き出し」からファイルに名前を付けて保存しておく（PSDファイルも保存しておく）

1 Illustrator の画面を整えよう

Illustratorは、最も代表的なグラフィックデザインツールの一つである。建築分野ではプレゼンテーションボードの作成、図面やCGパースの修正・加工はもちろん、ピクトグラムやショップのロゴの作成などにも利用されている。ここでは、Illustratorの画面構成を確認し、よく使うツールやパネルの位置などを確認しよう。特に、初期設定で表示されていないパネルがあるので、作業しやすいように画面構成を整えよう。

1. Illustratorの画面構成

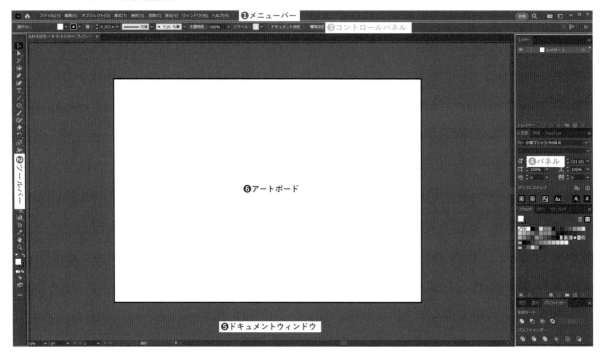

	名称	説明
❶	メニューバー （アプリケーションバー）	メニューバーは、ファイル、編集、オブジェクト、書式といったファイルの保存やオブジェクトを編集する操作、ソフトウェアの設定に関する操作などができる。
❷	ツールバー	選択ツール、ペンツール、文字ツールなど、画像やアートワークなどを編集するための使用頻度の高いツールが配置されている。
❸	コントロールパネル	現在選択しているツールで使用できるオプションが表示され、パラメータの変更などができる。
❹	パネル	パネルは、作業中のファイルの各種変更や確認などに使用できる。代表的なものに、レイヤーパネル、整列パネル、文字パネルなどがある。
❺	ドキュメントウィンドウ	ドキュメントウィンドウは、作業中のファイルが表示される。複数開くこともでき、タブ表示やウィンドウ別に表示することができる。
❻	アートボード	アートボードは、印刷可能または書き出し可能なアートワークを含む領域を示し、プレゼンボードなどを作成するときは、アートボード内に編集する。

2. ツールについて

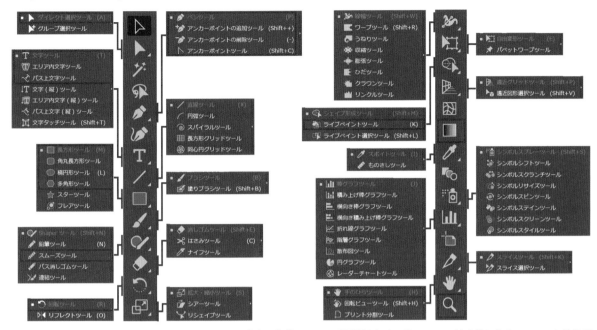

ツールバーにある各ツールボタンを右クリックすると非表示状態のツールが展開される。Illustratorには非常に多くのツールや機能が搭載されている。本書では基本的な使い方を理解するために、使用するツールは最小限に止めているため、原則として赤枠で囲ったツールを中心に使用する。

3. ショートカットキー

ショートカットキーを覚えておくと、効率よく作業することができる。キーボードの赤枠で囲われたショートカットキーは使用頻度が高いので覚えておくとよい。

ショートカットキー	機能
Ctrl + Z ／ Shift + Ctrl + Z	取り消し／やり直し
Ctrl + S	保存
Ctrl + C ／ Ctrl + V	コピー／ペースト
Ctrl + D	変形の繰り返し
Ctrl + 0	アートボードを全体表示
Ctrl + A	全て選択
Ctrl + [(+ Alt) ／ Ctrl +] (+ Alt)	背面へ (最背面へ) ／前面へ (最前面へ)
space + ドラッグ ／ Alt + マウスホイール	カンバスの移動 (手のひらツール) ／拡大・縮小

4. パネルについて

「メニューバー→ウィンドウ」から、各種パネルを表示できる。初期設定では、コントロールパネルや必要なパネルが表示されていない。ウィンドウからコントロール、ツールバー→詳細、カラー、整列、書式→文字パネルなどを表示する。パネルの一部はグループで表示される（例えば、整列パネルを表示すると、変形、パスファインダーパネルも表示される）。また、パネルはグループ化やドッキングすることもできるため、慣れてきたら自分の使いやすいようにカスタマイズしよう。

5. 環境設定：単位・テキスト

「メニューバー→編集→環境設定」
❶単位から、一般ミリメートル、線 ミリメートル、文字 ポイントとする。Web制作などではpixelと設定する場合も多いが、印刷を前提とする建築系では、ミリメートルとポイントを使用する。状況に応じて変更しよう。
❷テキストから、新規テキストオブジェクトにサンプルテキストを貼り付けにチェックを入れる。この項目はIllustratorの作業に慣れてくれば外してもよい。

AI

2 レイヤーについて

5_1_2_layer.ai

1. レイヤーとは

Illustratorではオブジェクトの一つ一つがパスや面で構成されることが多いため複雑になる。そのため、レイヤーの重ね順に加えて、レイヤー内のオブジェクトについても重ね順を意識する必要がある。

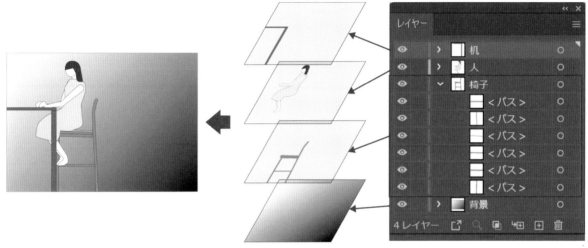

上の図は、机、人、椅子、背景という4枚のレイヤーで構成されている。椅子 レイヤーの中には、椅子を構成するオブジェクトが格納されており、重ね順が存在する。

2. レイヤーパネル

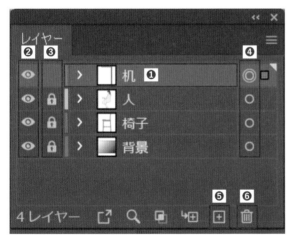

❶選択中のレイヤーがハイライトされるので、どのレイヤーで編集中か常に意識しておこう
❷表示を切り替え：クリックするとレイヤーの表示/非表示（空欄）を切り替えられる
❸ロックを切り替え：クリックするとレイヤーのロック/解除（空欄）を切り替えられる
❹クリックすると表示が◎になり、レイヤー内のロックがかかっていないオブジェクトを全て選択できる
❺新規レイヤーを作成：クリックすると新規レイヤーを作成できる
❻選択項目を削除：レイヤーを選択し、クリックするとレイヤーを削除できる

3. コピー元のレイヤーにペースト

❶レイヤーパネルの三本ボタンをクリックし、「コピー元のレイヤーにペースト」にチェックを入れる

「コピー元のレイヤーにペースト」がオフの時

・オブジェクトをコピー＆ペーストするときに、選択しているレイヤーにペーストされる。
・異なるレイヤーにあるオブジェクトを複数選択し、コピー＆ペーストした場合、一つのレイヤーにまとめられる。

「コピー元のレイヤーにペースト」がオンの時

・異なるレイヤーにあるオブジェクトを複数選択し、コピー＆ペーストした場合でも、それぞれのコピー元と同じ名称のレイヤーにペーストされる。
・新規ファイルにペーストする場合など、ペースト先に同じ名前のレイヤーがない場合、その名称の新規レイヤーが自動的に作成され、ペーストされる。

125

1 Illustrator の基本ツールの使い方

● 5_2_1_rensyu_1.ai、5_2_1_rensyu_2.ai、5_2_1_rensyu_3.ai、5_2_1_rensyu_4.ai

ここでは、Illustratorを利用して作品を制作する前に知っておくべき基本ツールの使い方について解説する。

練習1のファイルを開く

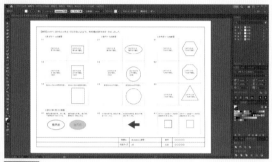

準備 5_2_1_rensyu_1.aiを開く

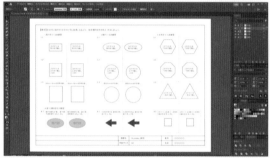

全て終わったら、IllustratorのAIファイルは保存しておき、別に「メニューバー→ファイル→別名で保存→ファイルの種類：Adobe PDF」で保存する
PDFで保存するときに「一般→Illustratorの編集機能を保持」にチェックを入れる

▶ 画面移動　拡大縮小

ツールバー「手のひらツール」、「ズームツール」を選択し、画面移動、拡大縮小をそれぞれ試してみる

1-1. 長方形ツール

❶ツールバー「長方形ツール」を選択する

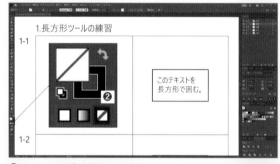

❷ツールバー塗りをなしにする

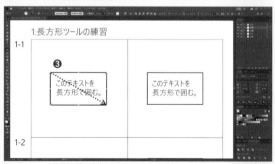

❸テキストを囲むように、クリック＆ドラッグして、長方形を描く

1-2. 長方形ツール（正方形）

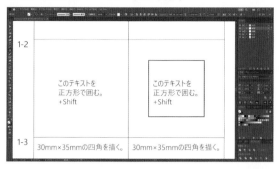

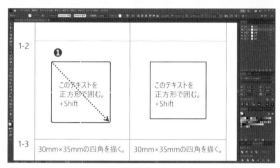

❶テキストを囲むように、（Shift）を押しながら、クリック＆ド
ラッグして、正方形を描く

「線」と「塗り」

AutoCADなどのCAD系ソフトでは、一部例外はあるが、2Dで図面を作成す
る場合は線画が基本となる。一方で、グラフィックデザインツールである
Illustratorでは、オブジェクトを作成する場合、「線」と「塗り」の組み合わせ
を用いることが基本にとなるため、CAD系ソフトでは、あまり意識する必要
がなかった重ね順を常に意識する必要がある。
ツールバーにある塗りと線がどちらの編集モードになっているかを常に意識
しよう。

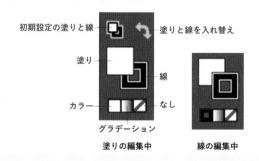

1-3. 長方形ツール（数値入力）

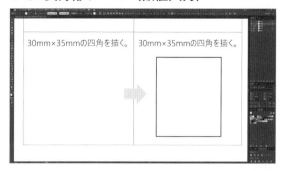

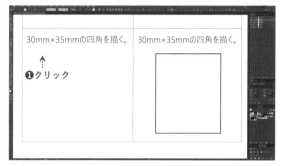

❶「長方形ツール」を選択した状態で、描きたい長方形の左
上の角をクリックする

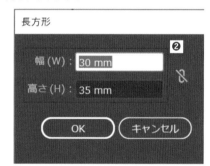

❷長方形ダイアログが開くので、幅30mm、高さ35mmと入
力する

30mm×35mmの長方形が描かれる

2-1. 楕円ツール

❶ツールバー「楕円形ツール」を選択する

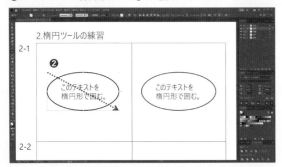

❷描きたい楕円の左上から右下にドラッグする（大きさは任意）

2-2、2-3は長方形ツールを参考にして自分で作図してみよう

スポイトツール

色をコピーしたい場合は、ツールバー「スポイトツール」を使って、解答の赤色の四角の線をクリックすると属性をコピーすることもできる。

3-1. 多角形ツール

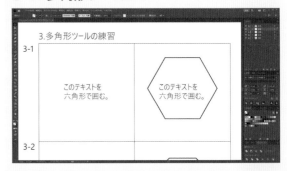

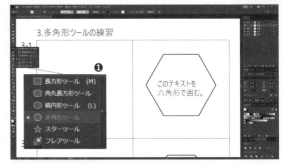

❶ツールバー「多角形ツール」を選択する

❷任意の場所でクリックすると多角形ダイアログが開くので、辺の数6であることを確認して、いったんキャンセルする

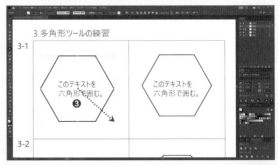

❸描きたい六角形の中心からドラッグすると六角形が描け、Shift を押しながらドラッグすると2辺がx方向に平行になるように描画できる

3-2、3-3は3-1を参考にして自分で作図しよう

スウォッチリスト

スウォッチリストにカラーが登録されていない場合は、パネルの右上のボタンから、[スウォッチライブラリを開く]→[初期設定スウォッチ]→[プリント]を選択する。

4-1. 線色、塗り、不透明度の変更

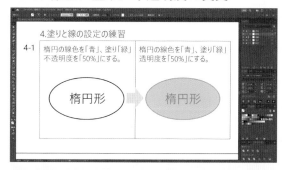

❶楕円のオブジェクトを選択する
❷ツールバー線をクリックして、スウォッチパネルで、青色（CMYKブルー）を選択する

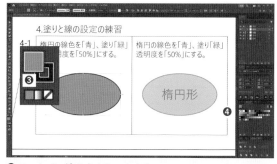

❸ツールバー塗りをクリックする
❹スウォッチパネルで、緑色（CMYKグリーン）を選択する

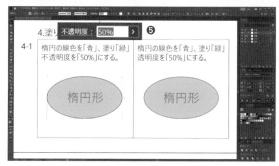

❺コントロールパネル不透明度50%にする
4-3は4-1、4-2を参考にして自分で作図してみよう

4-2. オブジェクトの合体

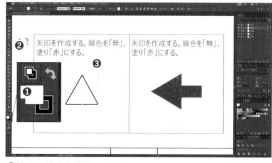

❶塗りと線を初期値に戻す
❷ツールバー「多角形ツール」を選択する
❸辺の数3に変更し、正三角形を描く

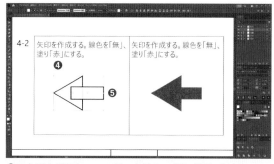

❹三角形を選択し、ハンドルをドラッグさせ回転させる
❺長方形を描き、矢印になるように配置し、2つの図形を選択する

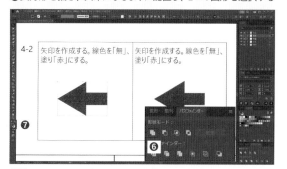

❻「パスファインダーパネル→形状モードの合体」
❼ツールバー線をなし、塗りを赤色(CMYKレッド)にする

練習2のファイルを開く

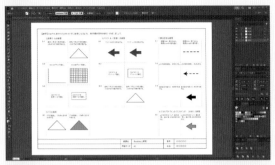

5_2_1_rensyu_2.aiを開く

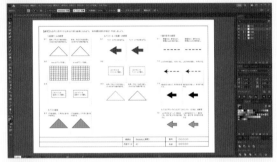

全て終わったら、IllustratorのAIファイルは保存しておき、
別に「メニューバー→ファイル→別名で保存→ファイルの種
類：Adobe PDF」で保存する
PDFで保存するときに「一般→Illustratorの編集機能を保持」
にチェックを入れる

5-1. 直線ツール（三角形）

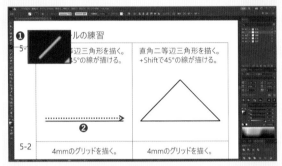

❶ツールバー「直線ツール」を選択する
❷三角形の底辺を描き、選択を解除する

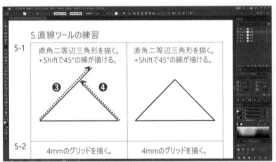

❸底辺の左端点より、[Shift] を押しながら、45°の直線を描
　く
❹右端点より、同様に❸の直線と交差するように描く

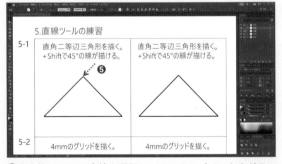

❺突き抜けている直線を選択し、アンカーポイントをドラッ
　グして頂点に移動させる

5-2. 直線ツール（グリッド）

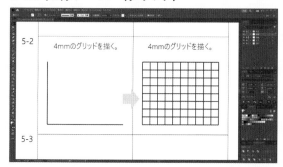

❶直線を選択する
❷「メニューバー→オブジェクト→変形→移動」
❸移動ダイアログの<u>水平方向</u>4mm、<u>垂直方向</u>0mm、<u>角度</u>0°
　で<u>コピー</u>する

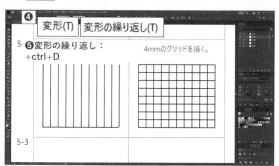

❹「メニューバー→オブジェクト→変形→変形の繰り返し」
❺<u>変形の繰り返し</u>（ Ctrl ＋ D ）を繰り返す

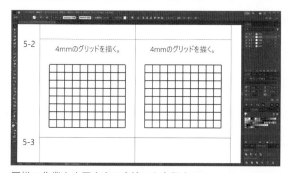

同様の作業を水平方向の直線にも実行する
5-3は5-2を参考にして自分で作図してみよう

6-1. ペンツール（トレース）

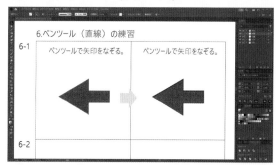

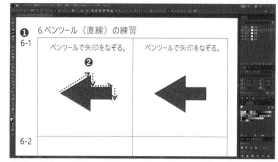

❶ツールバー「ペンツール」を選択する
❷画像の矢印の頂点を順番にクリックする

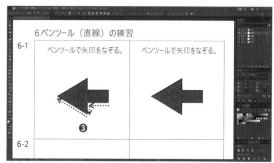

❸書き出しの点まで、順番にクリックする
6-2、6-3は6-1を参考にして自分で作図してみよう

7-1. 線の設定（破線）

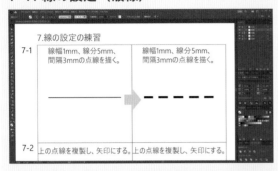

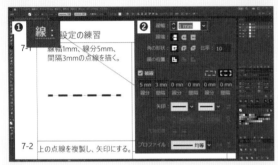

❶直線のオブジェクトを選択し、コントロールパネル線をクリックする

❷線幅 1mm、破線にチェックを入れて、線分5mm、間隔3mmとする

7-2. 線の設定（矢印）

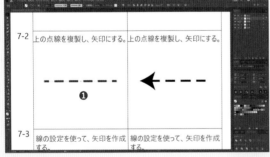

❶7-1の破線をコピーする

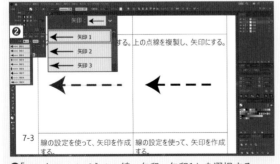

❷「コントロールパネル→線→矢印→矢印1」を選択する

7-3. 線の設定（太い矢印）

❶コントロールパネル線幅を6mmにする

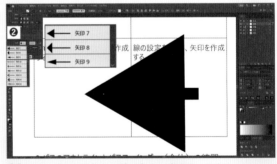

❷「コントロールパネル→線→矢印→矢印7」にする

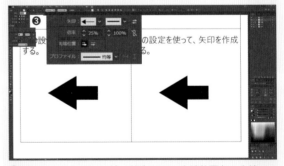

❸コントロールパネル 線、倍率25％、先端位置矢の先端パスの終点から配置にする

8-1. パスの連結

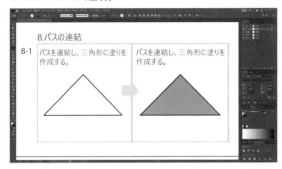

❶全ての直線を選択する

ポイント
パスを連結すると「塗り」ができる

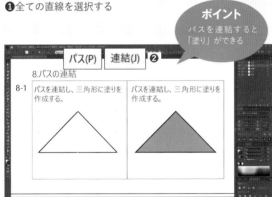

❷「メニューバー→オブジェクト→パス→連結」を選択する

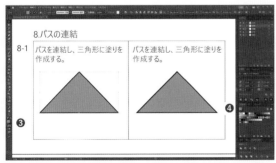

❸ツールバー塗りを選択する
❹スウォッチパネルから青色（CMYKシアン）を選択する

9-1. パスのアウトラインとパスファインダー（合体）

❶7-3の矢印をコピーする

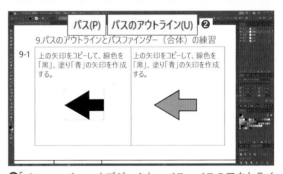

❷「メニューバー→オブジェクト→パス→パスのアウトライン」を選択する

❸パスファインダーパネルの合体を選択する
❹❺ツールバー線を黒色、塗りを青色（CMYKシアン）に変更する

練習3のファイルを開く

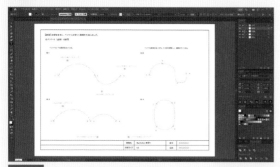

準備 5_2_1_rensyu_3.aiを開く

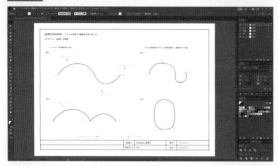

全て終わったら、IllustratorのAIファイルは保存しておき、別に「メニューバー→ファイル→別名で保存→ファイルの種類：Adobe PDF」で保存する
PDFで保存するときに「一般→Illustratorの編集機能を保持」にチェックを入れる

10-1. ペンツール（曲線1）

準備 ツールバー 線 を黒、塗り をなしにする

❶ツールバー「ペンツール」で1点目をクリック＆ドラッグし、ハンドルを□の中心まで伸ばす

❷同様に、2点目をクリック＆ドラッグし、ハンドルを□まで伸ばす

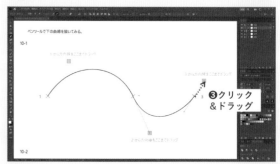

❸同様に、3点目をクリック＆ドラッグし、ハンドルを□まで伸ばす

10-2. ペンツール（曲線2）

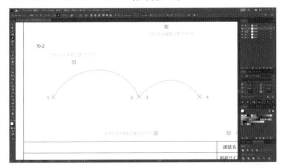

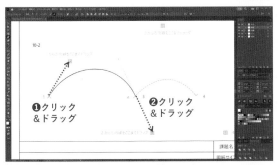

❶ツールバー「ペンツール」で1の点をクリック＆ドラッグし、ハンドルを□の中心まで伸ばす
❷同様に、2点目もクリック＆ドラッグし、ハンドルを□の中心まで伸ばす

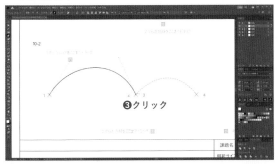

❸3点目をクリックする（ドラッグしない）

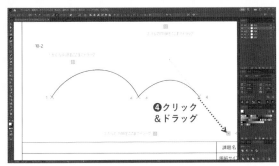

❹4点目をクリック＆ドラッグし、ハンドルを□の中心まで伸ばす

10-3. ペンツール（曲線3）

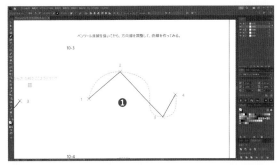

❶ツールバー「ペンツール」で、1, 2, 3, 4の点を順番にクリックする

❷ツールバー「アンカーポイントツール」を選択する
❸1の点をクリック＆ドラッグし、ハンドルを伸ばす

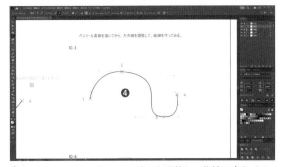

❹各アンカーポイントのハンドルを調整し、曲線に合わせる
10-4は10-3を参考にして自分で作図してみよう

練習 4 のファイルを開く

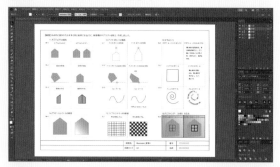

5_2_1_rensyu_4.aiを開く

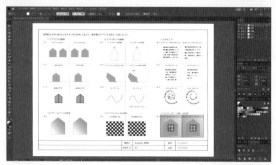

全て終わったら、IllustratorのAIファイルは保存しておき、別に「メニューバー→ファイル→別名で保存→ファイルの種類：Adobe PDF」で保存する
PDFで保存するときに「一般→Illustratorの編集機能を保持」にチェックを入れる

11-1. オブジェクトのコピー

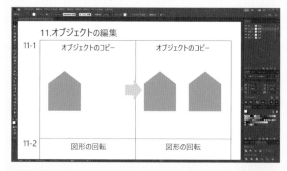

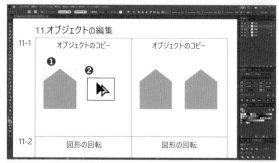

❶オブジェクトを選択する
❷ [Alt] を押すとコピーカーソルになる

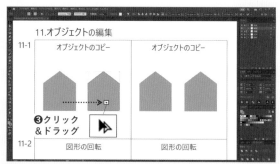

❸コピーカーソルの状態で、オブジェクトをクリック＆ドラッグする

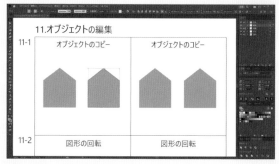

コピーすることができた

11-2. 図形の回転

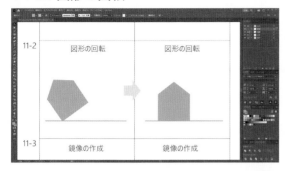

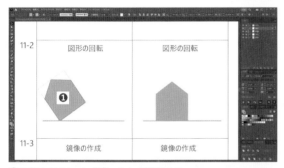

❶回転させたいオブジェクトを選択する

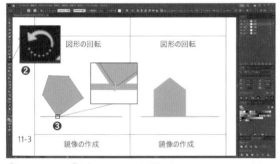

❷ツールバー「回転ツール」を選択する
❸回転する支点をクリックする

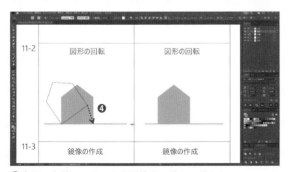

❹底辺の右端アンカーを水平線までドラッグする

11-3. 鏡像の作成

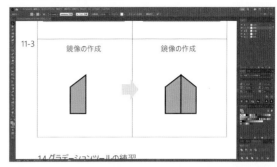

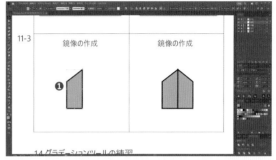

❶鏡像を作りたいオブジェクトを選択する

❷「メニューバー→オブジェクト→リフレクト」を選択する
❸リフレクトダイアログの垂直にチェックを入れて、コピーする

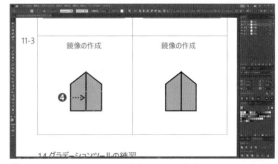

❹リフレクトコピーしたオブジェクトを移動させる

12-1. アンカーポイントの移動

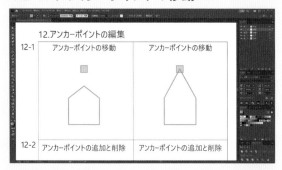

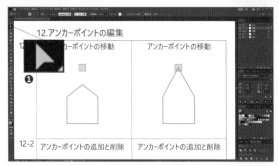

❶ツールバー「ダイレクト選択」を選択する

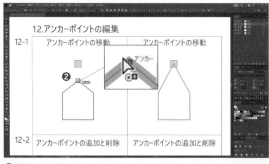

❷家型の頂点のアンカーをクリックする

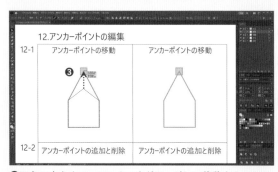

❸四角の中心まで、アンカーをドラッグして移動する

12-2. アンカーポイントの追加と削除

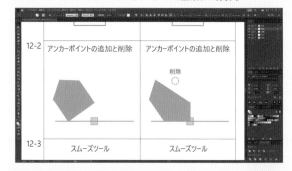

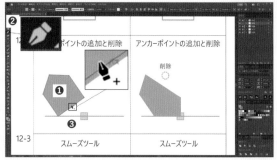

❶家型のオブジェクトを選択する
❷ツールバー「ペンツール」を選択する
❸底辺をクリックして、アンカーポイントを追加する

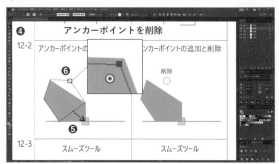

❹ツールバー「ダイレクト選択ツール」を選択
❺追加したアンカーポイントを四角の中心に移動する
❻削除するアンカーをクリックするとアンカーが選択され青くなるので、Delete キーで削除する

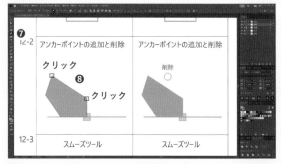

❼ツールバー「ペンツール」を選択
❽頂点をクリックし、閉じた図形にする

AI

サンプルテキストの表示（p.124参照）

サンプルテキストが表示されない場合は、「編集→環境設定→テキスト→新規テキストオブジェクトにサンプルテキストを割り付け」にチェックを入れる。

12-3. スムーズツール

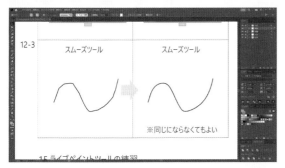

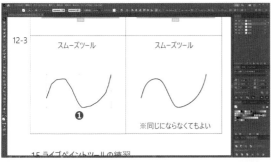

❶オブジェクトを選択する

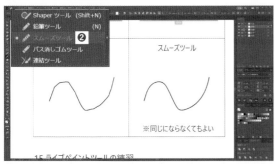

❷ツールバー「スムーズツール」を選択する

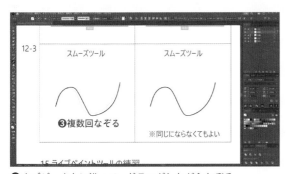

❸オブジェクトに沿って、ドラッグしながらなぞる
複数回繰り返すと、アンカーポイントが整理される

13-1. 文字ツール（テキストボックス）

❶ツールバー「文字ツール」を選択する

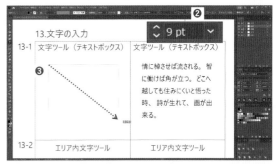

❷コントロールパネル文字9ptにする
❸クリック＆ドラッグでテキストボックスの範囲を作成する

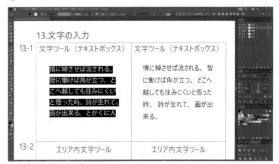

テキストボックスが作成される

13-2. エリア内文字ツール

14-1. グラデーションツールの練習

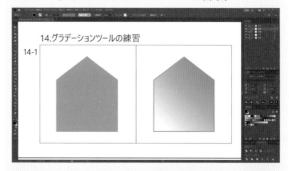

❶ツールバー「エリア内文字ツール」を選択する

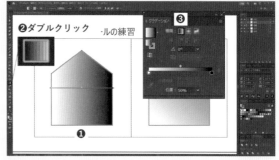

❶オブジェクトを選択
❷「グラデーションツール」をダブルクリックする
❸グラデーションパネルの種類線形グラデーションを選択する

❷四角形を選択すると、四角形のエリアがテキストボックスになる
13-3は13-2を参考にして自分で作図してみよう

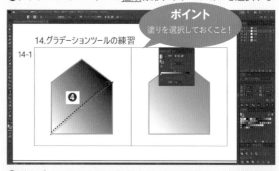

ポイント
塗りを選択しておくこと！

❹グラデーションさせる方向にカーソルをドラッグする

❺グラデーションパネルのグラデーションスライダーの黒色をクリックする
❻スウォッチパネルから青色（CMYKシアン）を選択する

15-1. ライブペイントツールの練習

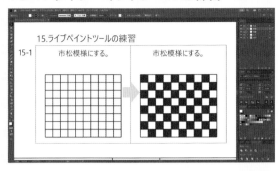

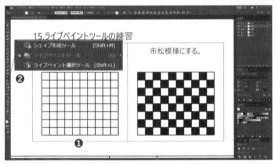

❶オブジェクトを全て選択する
❷ツールバー「ライブペイントツール」を選択する

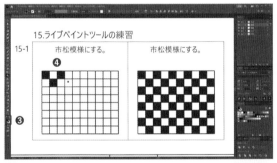

❸ツールバー塗りを黒色にする
❹カーソルを合わせると塗りつぶすことができる範囲が赤く
表示されるので、クリックし塗りつぶす

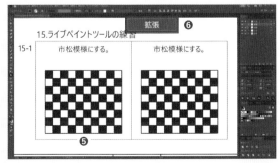

❺市松模様を完成させる
❻ライブペイントグループを個別のオブジェクトに変換する
ために、コントロールパネル拡張をクリックする

16-1. パスファインダー（分割）の応用

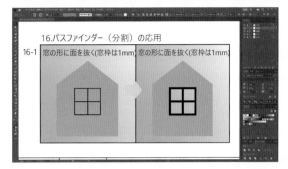

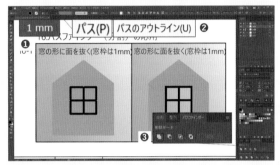

❶窓枠を全て選択し、線幅1mmにする
❷「メニューバー→オブジェクト→パス→パスのアウトライ
ン」を選択する
❸パスファインダーパネルから合体する

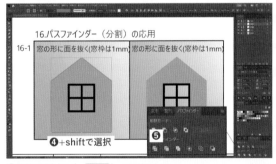

❹家型を追加（＋Shift）で選択する
❺パスファインダーパネルから分割する

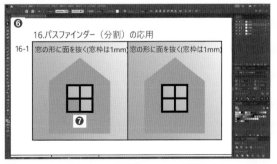

❻ツールバー「ダイレクト選択ツール」を選択する
❼窓ガラスの部分を選択し、Deleteキーで削除する

2 ガイドの作成と画像の配置・整列

● 5_2_2_guide.ai、5_2_2_flower_1.jpg、5_2_2_flower_2.jpg、5_2_2_frypan_1.jpg、5_2_2_frypan_2.jpg、5_2_2_shoes_1.jpg、5_2_2_shoes_2.jpg

ガイドを用いた画像の配置と整列を学習する

Before

After

1. ガイドの作成

5_2_2_guide.aiを開く

- ✓ スマートガイド(I)
- 定規(R)
- ✓ ポイントにスナップ(N)

❶定規が表示されていない場合、「メニューバー→表示→定規→定規を表示」、スマートガイド、ポイントにスナップがチェックされているか確認する

❷この辺りからドラッグする

❸

❷❸定規ゾーン（図の●）からドラッグし、ガイドを作成する

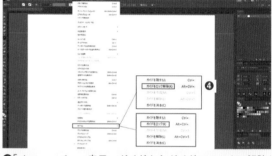

❹「メニューバー→表示→ガイドからガイドのロック・解除」ができるので、ロックされている場合は解除する

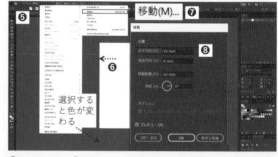

移動(M)... ❼

選択すると色が変わる

❺ツールバー「選択ツール」をクリックする
❻ガイドをドラッグしてアートボードの端に移動する
❼「メニューバー→オブジェクト→変形→移動」
❽水平方向10mm移動させる

90mm

❾「メニューバー→オブジェクト→変形→移動」から水平方向90mm ❿コピーする

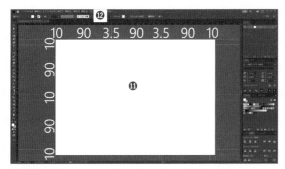

10　90　3.5　90　3.5　90　10

⓫作業を繰り返して、図のようにグリッドを作成する
⓬作成後に「メニューバー→表示→ガイド→ガイドをロック」しておく
※白色の寸法は説明用なので記入する必要はない

2. 画像の配置・整列

❶「メニューバー→ファイル→配置→flower_1からshoes_2までのファイルを配置」する

配置(L)...❶
リンクのチェックをはずす。

❹ガイドに合わせて、画像を拡大する

同様に、全ての画像をガイドに合わせて移動、拡大縮小する

パスの分割を使用したレイアウト枠の作成

レイアウトに使用するガイドの作成の仕方は、ガイド機能を使用したものだけではない。ここでは、覚えておくと便利なパスの分割を紹介する。

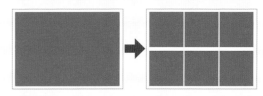

❶左図のように四角形を作成する。本項のグリッドを作成する場合であれば、190×277（A4サイズの四方を10mmオフセットしたサイズ）とする。
❷「メニューバー→オブジェクト→パス→グリッドに分割」として、グリッドに分割ダイアログを以下のように設定する。ガイドを追加に☑すればガイドも同時に作成できる

❷画像をいったん適当に全て配置する

❸ツールバー「選択ツール」を選択し、画像の角にカーソルを持っていくとアンカーと表示されるので、アンカーをガイドに沿って移動させる

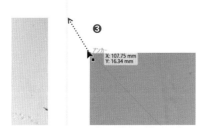

X: 107.75 mm
Y: 16.34 mm

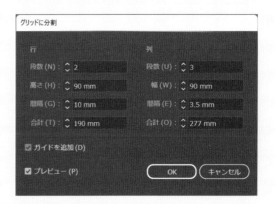

グリッドに分割

行　　　　　　　　　　列
段数(N)：2　　　　　段数(U)：3
高さ(H)：90 mm　　 幅(W)：90 mm
間隔(G)：10 mm　　 間隔(E)：3.5 mm
合計(T)：190 mm　　合計(O)：277 mm

☑ ガイドを追加(D)
☑ プレビュー(P)　　　　OK　キャンセル

3 クリッピングマスクと透明マスク

● 5_2_3_mask_1.ai、5_2_3_mask_2.ai

マスク機能はオブジェクトをマスクで切り抜いて、部分的に表示することができる。

1. クリッピングマスク

5_2_3_mask_1.aiを開く

❶画像と黒枠を選択する
❷「右クリック→クリッピングマスクを作成」

画像が前面オブジェクト（黒枠）でマスクされる

❸「右クリック→クリッピングマスクを解除」を選択し、ク
　リッピングマスクを解除する

解除すると黒枠は線
色なしになっている。

❹四角形のオブジェクトを削除する
❺illustratorレイヤーを表示する

❻illustratorのオブジェクトを全て選択する
❼「メニューバー→オブジェクト→複合パス→作成を選択する

❽作成した複合パスと画像を選択し、「右クリック→クリッピ
　ングマスクを作成」すると文字形でマスクすることができる

2. 透明マスク

5_2_3_mask_2.aiを開く

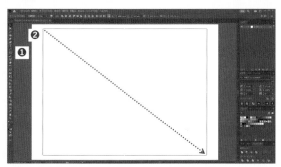

❶ツールバー「長方形ツール」を選択する
❷画像の上に、長方形を作成する

❸画像と長方形を両方選択する
❹「メニューバー→ウィンドウ→透明」
❺透明パネルのマスク作成をクリック

ポイント
グラデーションパネルが出ていない場合はメニューバーのウインドウから呼び出そう

❻透明パネルのマスク部分をクリックする
❼グラデーションパネルをクリックする

❽種類円形グラデーションを選択する
円形のグラデーション状に透明マスクが反映される

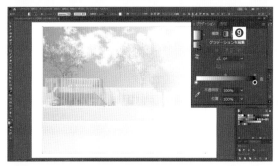

❾種類線形グラデーションを選択する
線形のグラデーション状に透明マスクが反映される

❿効果をつけ終わったら、透明パネルの画像ファイル部分をクリックする

マスク使用時の注意点

マスク部分を選択したままにすると、オブジェクトを選択し移動しようとしたときに、マスクのみが移動してしまうので注意する。

1 レイアウトの練習1

● 6_1_1_layout.ai、6_1_1_image_1.jpg、6_1_1_image_2.jpg、6_1_1_image_3.png、6_1_1_image_4.png、6_1_1_text.txt

A4サイズのアートボードに、タイトル、説明文、図面、パースなどをレイアウトしてプレゼンボードを作成する。

プレゼンボードの完成図

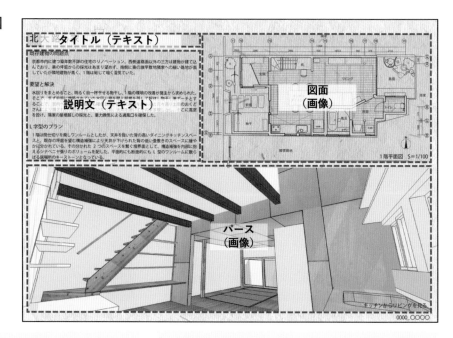

1. レイヤーの作成

❶6_1_1_layout.aiを開き、レイヤーを新規作成する
❷ガイド、テキスト、図面、画像、背景レイヤーを作成する

2. ガイドの作成

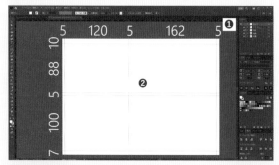

❶ガイド以外のレイヤーをロックする
❷図のようにガイドを作成する

3. 背景の作成

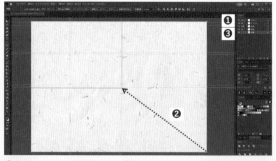

❶背景レイヤーを選択する　❷6_1_1_image_1を配置し、縮小する
❸背景レイヤーを非表示にする

4. 図の配置

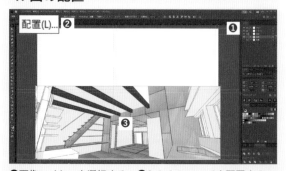

❶画像レイヤーを選択する　❷6_1_1_image_2を配置する
❸画像サイズを調整する

④「長方形ツール」でクリッピングマスク用の長方形を作成する
⑤マスクする画像と長方形を選択し、「右クリック→クリッピングマスクを作成」する

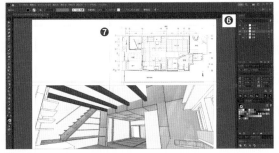

⑥図面レイヤーを選択する
⑦6_1_1_image_3をガイドに合わせて配置する

5. 文字の配置

❶テキストレイヤーを選択する
❷「文字ツール」で、テキストボックスを作成する
❸6_1_1_text.txtファイルを開き、全文をコピーして、テキストボックスに貼り付ける

❹文字パネルから編集する：文字サイズはキャプション10pt、文章8pt、行送り11ptとする
❺段落パネルを編集する文章を均等配置（最終行左揃え）、本文の左インデント5ptとする

⑥「テキストツール」でタイトルを書く：文字サイズ18pt、文字間に半角スペースを入れる
⑦「メニューバー→書式→アウトラインを作成」を選択する

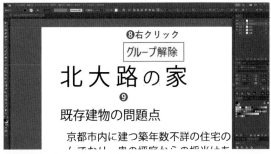

⑧「右クリック→グループ解除」する
⑨「の」を縮小して、タイトルのバランスを調整する

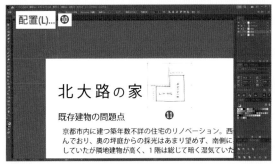

⑩6_1_1_image_4を配置する
⑪縮小した上でタイトルの横に付置する

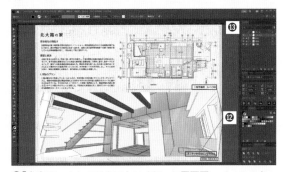

⑫「文字ツール」でテキストレイヤーに平面図、パースのキャプション キッチンからリビングを見る と氏名を入れる
⑬背景レイヤーを表示し、ガイドレイヤーを非表示にする

2 レイアウトの練習2

● 6_1_2_plan.dxf、6_1_2_image_1.jpg ～ 6_1_2_image_5.jpg、6_1_2_image_.mokei.jpg、6_1_2_image_niwa.jpg、6_1_2_text.txt

A4サイズのアートボードに、タイトル、図面、説明ダイアグラム、模型写真などをレイアウトしてプレゼンボードを作成する。

プレゼンボードの完成図

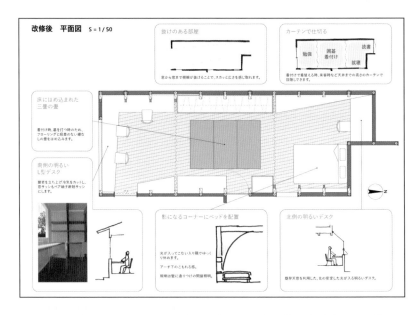

Illustratorで作業

1. レイアウトファイルの作成

拡大・縮小率
2％ = 1/50
1％ = 1/100
0.5％ = 1/200
0.2％ = 1/500

Illustratorで6_1_2_plan.dxfを開く
❶DXF/DWGオプションの拡大・縮小率を2％（=1/50）にする

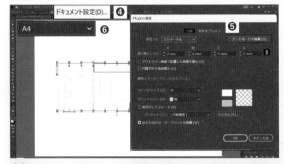

❹「ファイル→ドキュメント設定」
❺ドキュメント設定ダイアログのアートボードを編集をクリック
❻コントロールパネルプリセットを選択A4横置きとする

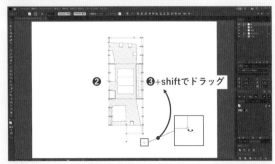

❷オブジェクトを全て選択する
❸カーソルをバウンディングボックス右下に持っていき、図のようにカーソルがなったら、+Shift しながら90°回転させる

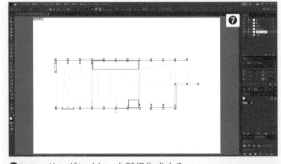

❼フローリングレイヤーを新規作成する

2. レイヤーの整理

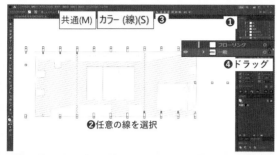

共通(M) | カラー(線)(S) | ❸

❶

フローリング
一般
❹ドラッグ

❷任意の線を選択

❶ 一般レイヤーのみを表示する
❷ フローリングの線を一つ選択する
❸ 「メニューバー→選択→共通→カラー（線）」
❹ 選択したオブジェクトをフローリングレイヤーに移動する

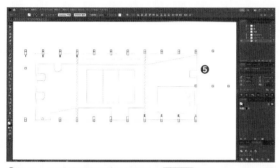

❺フローリングの外形線を選択し、Delete する

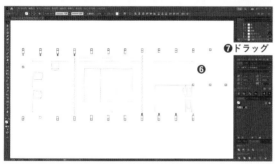

❼ドラッグ

❻

❻椅子とベッドのオブジェクトを選択する
❼家具レイヤーに移動する

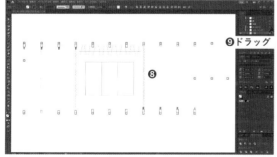

❾ドラッグ

❽

❽図のオブジェクトを選択する
❾見えがかりレイヤーに移動する

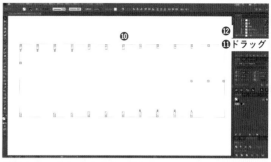

❿ ⓬

⓫ドラッグ

❿残りのオブジェクトを全て選択する
⓫柱レイヤーに移動する　⓬一般レイヤーを削除する

3. 柱、家具の着彩

❷

❶

※見えやすくするために、背景を茶色にしています。

❶家具レイヤーのみ表示し、家具をすべて選択する
❷塗りを白色にする

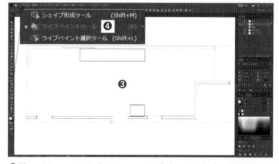

シェイプ形成ツール　(Shift+M)　❹
ライブペイントツール　(K)
ライブペイント選択ツール　(Shift+L)

❸

❸壁レイヤーのみを表示して、オブジェクトを全て選択する
❹「ライブペイントツール」を選択する

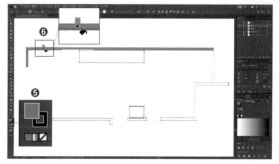

❻

❺

❺塗りの色をグレー50％（K50）にする
❻カーソルをオブジェクト上に移動させ、クリックすると赤く囲われた範囲を塗りつぶすことができる

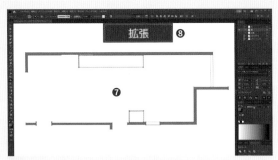

❼他の壁も同様にグレー50％で着彩する
❽コントロールパネル拡張をクリックする

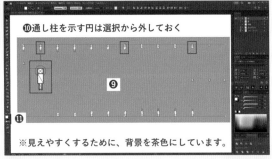

❾柱レイヤーのみを表示し、オブジェクトを全選択する
❿通し柱を示す円の選択を除外する
⓫塗りの色を白色にする

4. 床の着彩

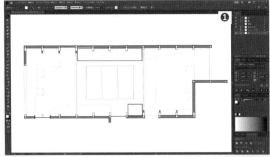

❶新規で色レイヤーを作成し、レイヤーの一番下に配置し、フローリングレイヤーのみを非表示にする

❷オブジェクトを全選択する
❸ Ctrl + C でコピーする
❹「メニューバー→編集→同じ位置にペースト」

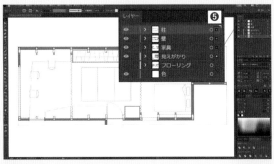

❺選択されているオブジェクトを全て色レイヤーに移動し、色レイヤーのみを表示する

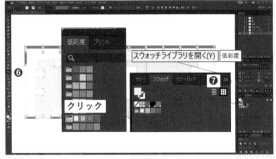

❻「ライブペイントツール」を選択する
❼「スウォッチパネルの右上ボタン→スウォッチライブラリを開く→低彩度→低彩度7のフォルダ」をクリックする（スウォッチパネルに登録される）：塗りの色を薄茶色（C4M5Y10K4）にする

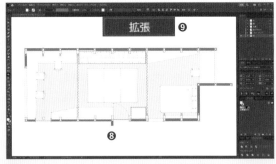

❽「ライブペイントツール」を使って、床を着彩する
❾拡張をクリックする

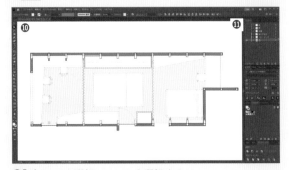

❿「ダイレクト選択ツール」を選択する
⓫着彩した床のオブジェクトを選択し、フローリングレイヤーに移動させる

⑫色レイヤーを削除する
⑬フローリングレイヤーのみを表示し、色のついたオブジェクトを一つ選択する
⑭「メニューバー→選択→共通→カラー(塗り)」

⑮選択したオブジェクトの上で「右クリック→重ね順→最背面へ」

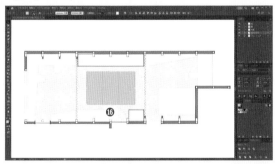

⑯全てのレイヤーを表示し、畳のオブジェクトの塗りを緑色（C15M11Y20K18）にする

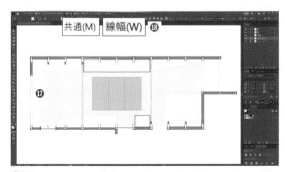

⑰線幅0.05mmのオブジェクトを一つ選択する
⑱「メニューバー→選択→共通→線幅」

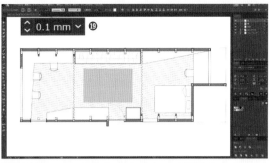

⑲線幅0.05mmのオブジェクトがすべて選択されるので、オプションバーの線幅を0.1mmに変更する

5. 図面をひとつにまとめる

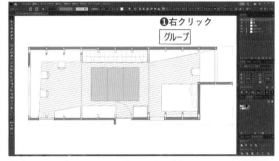

❶全てのオブジェクトを選択し、オブジェクトの上で「右クリック→グループ」にする

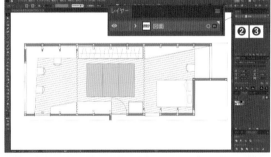

❷グループ化するとレイヤーが一つにまとめられるので、柱レイヤーの名前を図面に変更する
❸他のレイヤーはすべて削除する

6. ガイドの作成

❶ガイドレイヤーを作成し、図のようにグリッドを作成する

7. ダイアグラム1の作成

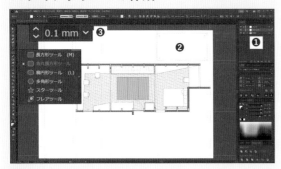

❶スケッチ1レイヤーを作成する
❷「角丸長方形ツール」で枠を作成する
❸オブジェクトの線幅を0.1mmとする

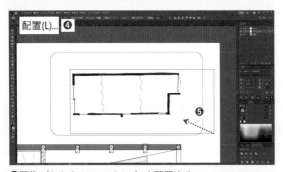

❹画像（6_1_2_image_1.jpg）を配置する
❺サイズを調整して枠の中に入れる

❻テキストボックスを作成する
❼6_1_2_text.txtを開き、カーテンで仕切る文章をコピーして貼り付ける

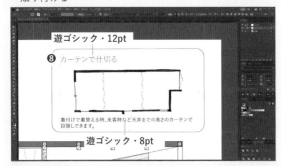

❽文字の種類、サイズ、色を調整する
　赤文字は「スウォッチパネル→低彩度→低彩度7の赤（C3M65Y55K20）」

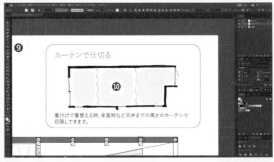

❾「角丸長方形ツール」を選択する
❿カーテンで分割したときの部屋の領域を図示する（右端は2つのオブジェクトを重ねて作成する）：色は「スウォッチパネル→低彩度→低彩度7の薄茶色（C4M5Y10K4）」

⓫「パスファインダー→合体」で2つのオブジェクトを一つにする

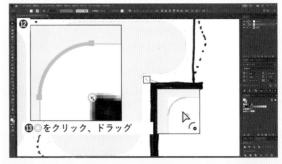

⓬「ダイレクト選択ツール」を選択する
⓭オブジェクトを選択し、角を丸角にする

⓮主な使い方を「テキストツール」で、それぞれの領域に図示する

8. ダイアグラム2の作成

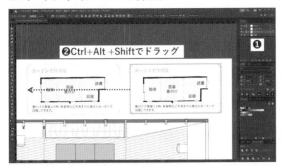

❶スケッチ2レイヤーを作成する
❷スケッチ1のオブジェクトをコピーして、スケッチ2の場所にコピーする

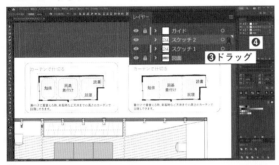

❸スケッチ2レイヤーにオブジェクトを移動させる
❹スケッチ1レイヤーをロックする

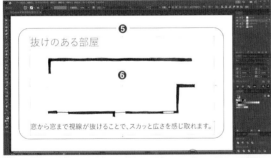

❺6_1_2_text.txtから文章をコピーして、既存のテキストボックスに貼り付ける
❻画像（6.1_2_image_2.jpg）を配置し、適切な大きさに変更する

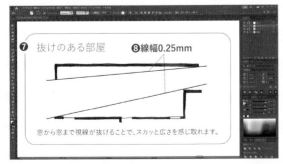

❼「ラインツール」を選択する
❽図のように線幅0.25mmの線を引き視線の抜けを表現する

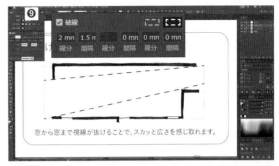

❾「コントロールパネル→線→破線にチェック→線分2mm、間隔1.5mm」とする

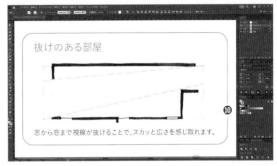

❿線の色を変更する
色は「スウォッチパネル→低彩度→低彩度16の水色（C34M0Y12K0）」

9. ダイアグラム3の作成

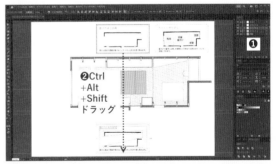

❶スケッチ3レイヤーを作成する
❷スケッチ2のオブジェクトをコピーして、スケッチ3の場所に貼り付ける

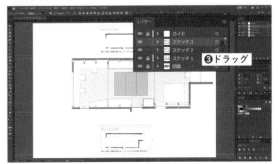

❸スケッチ3レイヤーにオブジェクトを移動させる

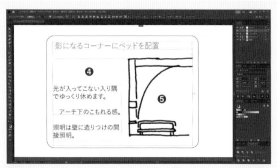

❹6_1_2_text.txtから文章をコピーして、タイトルと文章を
別々のテキストボックスに貼り付ける
❺画像（6_1_2_image_3.jpg）を配置する

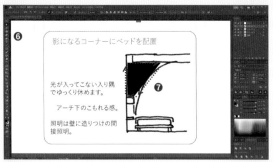

❻「ペンツール」を選択する
❼順番にクリックし、間接照明の光を表現するオブジェクト
を作成する

❽「グラデーションツール」をダブルクリックし、線形グラデ
ーション、角度−90°、グラデーションスライダーの色を変
更する：色は「スウォッチパネル→低彩度→低彩度16の黄
色（C10M5Y33K0）」

❾コントロールパネル不透明度から、描画モード乗算にする

❿「メニューバー→効果→ぼかし→ぼかし（ガウス）で半径を
1.5pixel」とする

必要であれば、全体を調整する

10. ダイアグラム 4 の作成

❶スケッチ4レイヤーを作成し、スケッチ3のオブジェクトを
コピーする
❷6_1_2_text.txtから文章をコピーして、タイトルと文章を
別々のテキストボックスに貼り付ける
❸画像（6_1_2_image_4.jpg）を配置する

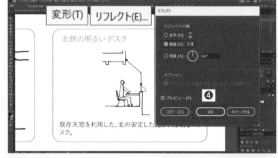

❹「メニューバー→オブジェクト→変形→リフレクト（垂直）」
を選択する

必要であれば、全体を調整する

`Photoshop`で作業

11. 模型写真の合成

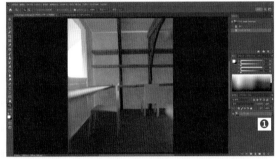

6_1_2_image_mokei.jpgと6_1_2_image_niwa.jpgを開く
❶ロックを解除する

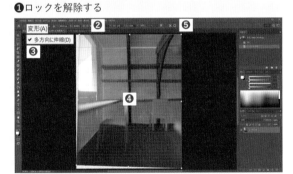

❷「メニューバー→表示→表示・非表示→グリッド」
❸「メニューバー→編集→変形→多方向に伸縮」
❹バウンディングボックスの端点をドラッグし、グリッドに
　合わせながら画像の歪みを調整する　❺◯を押す

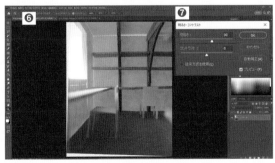

❻「メニューバー→イメージ→色調補正→明るさ・コントラスト」
❼明るさ・コントラストダイアログの明るさ30にする

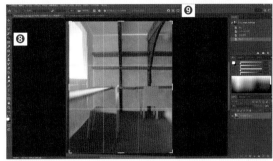

❽「切り抜きツール」で余分な部分を切り取る
❾◯を押す

❿「多角形ツール」を選択する
⓫窓部分を選択する

⓬6_1_2_image_niwaで「Ctrl＋A（すべて選択）→
　Ctrl＋C（コピー）」する

⓭6_1_2_image_mokeiに戻り、「メニューバー→編集→特殊
　ペースト→選択範囲内へペースト」を選択する
⓮「ファイル→書き出し→PNGとしてクイック書き出し」で名
　前6_1_2_image_mokei_2で保存する

155

Illustratorで作業

12. ダイアグラム5の作成

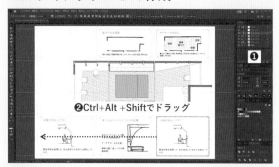

❶スケッチ5レイヤーを作成する
❷スケッチ4のオブジェクトをコピーして、スケッチ5の場所に貼り付ける

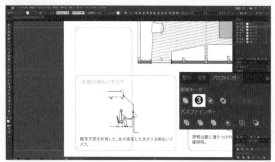

❸「角丸長方形ツール」で図のように、角丸長方形ツールを作成し、2つの角丸長方形を合体させる

❹6_1_2_text.txtから文章をコピーして、タイトルと文章を別々のテキストボックスに貼り付ける
❺画像（6_1_2_image_5.jpg）を配置し、「メニューバー→オブジェクト→変形→リフレクト（垂直）」する

❻6_1_2_image_mokei_2.pngを配置する

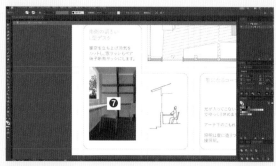

❼クリッピングマスクで、画像のサイズを調整する

必要であれば、全体を調整する

同様に、畳の説明を作成する

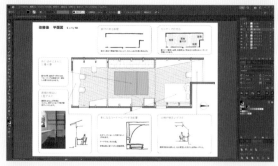

タイトル、オリエンテーション、矢印を入れて完成
全て終わったら、IllustratorのAIファイルは保存しておき、別に「メニューバー→ファイル→別名で保存→ファイルの種類：Adobe PDF」で保存する

リンク配置と埋め込み配置

Illustratorの画像配置方法には、「リンク配置」と「埋め込み配置」という二つの方法がある。

　　リンク配置とは、フォルダなどの別の場所にある画像をillustratorのデータと紐づける方法で、Illustratorのデータ内に画像情報を持たせずに外部の参照先からプレビューしている状態である。

　　埋め込み配置とは、Illustratorのデータ内に直接コピーし、画像情報も内部に保持した状態である。

では、それぞれの配置方法にどんなメリットとデメリットがあるのだろうか?

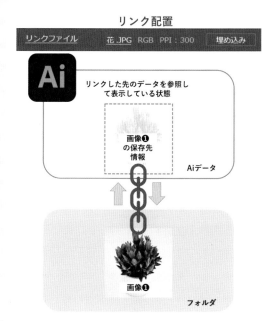

【メリット】
①データが軽い
　　画像データの情報は参照先にあるため、illustratorのデータ自体を軽くでき、作業がスムーズになる。

②リンク画像の変更が簡単
　　リンク画像を編集した場合、Illustratorでリンクを更新すれば、その変更が反映されるため、画像を配置しなおす必要がない。

【デメリット】
エラーの原因になる
　　リンク先のファイルの場所を変更したりすると、リンクが切れてしまう。他者とのファイルのやり取りをするときに、画像ファイルデータも一緒に渡す必要があるため、管理が大変になる。

【メリット】
①データ管理がしやすい
　　リンク切れの心配をする必要がない。

【デメリット】
①リンク画像の変更が面倒
　　リンク先データを編集した場合、加工画像を配置し直さなければならない。

②データが重くなる
　　Illustrator内に画像を埋め込むことで、データサイズが大きくなり、場合によってはPCの作業環境が悪化することもある。

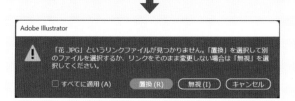

第3部

AutoCAD+SketchUp+ Photoshop+Illustrator応用編

　1部で身に付けたAutoCADで、木造平屋住宅の平面図・断面図を実際に描いてみよう。同じ図でも、使うコマンドやショートカットの使用によって、効率的に描くことができるが、手順としては手描きで描く際と大きくは変わらない。それらの図を元に、木造住宅の軸組図をSketchUpで立ち上げてみよう。木の棒で作る軸組模型よりいとも簡単に組み上がるだろう。

　次は、描いた平面図・断面図をプレゼンテーション用に着彩など施してみよう。魅力的な図面は、より一層描かれた情報が伝わりやすいハズだ。

❼　住宅をつくってみよう

【1】建築図面・モデルを描いてみよう
　❶平面図を描いてみよう
　❷断面図を考えてみよう
　❸高床の家を知ろう
　❹断面図を描いてみよう
　❺木造軸組3Dモデルを立ち上げてみよう

【2】図面を加工してみよう
　❶平面図を加工しよう
　❷断面図を加工しよう

❽　実践ワーク
　【カフェのインテリアデザイン】

　❶自分の設計をかたちにしてみよう
　❷設計概要と作品例

AutoCAD
平面図を描く

AutoCAD
断面図を描く
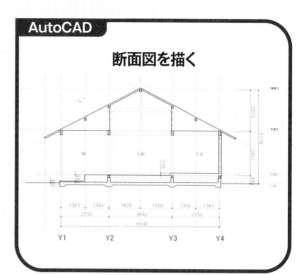

SketchUp
軸組3Dを描く

Photoshop　Illustrator
平面図を加工する

Photoshop　Illustrator
断面図を加工する

1 平面図を描いてみよう

→ 7_1_1_house_plan.dwg

1部の基礎ドリルで学んだコマンドを使って、ある住宅の平面図をトレースしてみよう。

0. 完成図

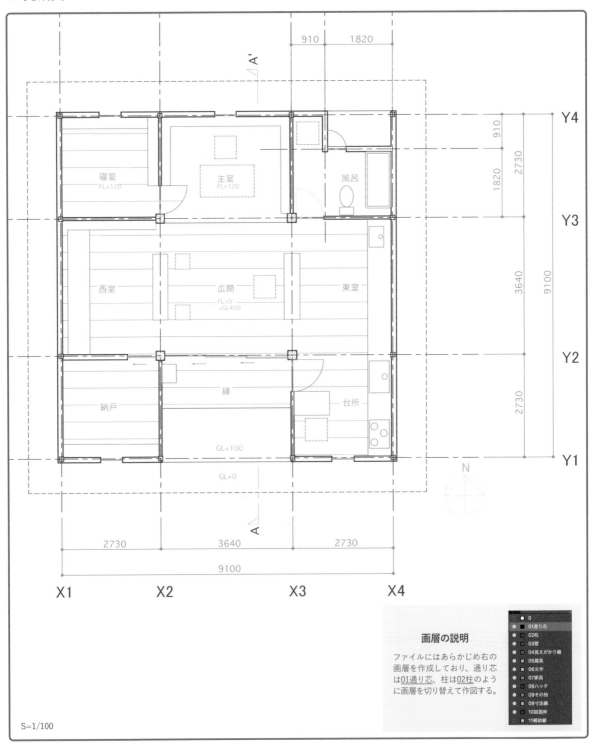

S=1/100

画層の説明

ファイルにはあらかじめ右の画層を作成しており、通り芯は01通り芯、柱は02柱のように画層を切り替えて作図する。

	0
	01通り芯
	02柱
	03壁
	04見えがかり線
	05建具
	06文字
	07家具
	08ハッチ
	09その他
	09寸法線
	10図面枠
	11補助線

1. 通り芯を描く

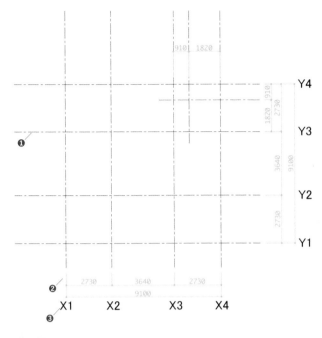

文字と寸法ツール

文字の高さの設定は38ページ参照。寸法の高さの設定は40ページ参照

❶通り芯を描く
❷通り芯寸法を「寸法」で<u>09寸法</u>に描く（文字の高さは1.5）
❸通り芯番号を「文字」で<u>06文字</u>に描く（文字の高さは3）

2. 柱を描く

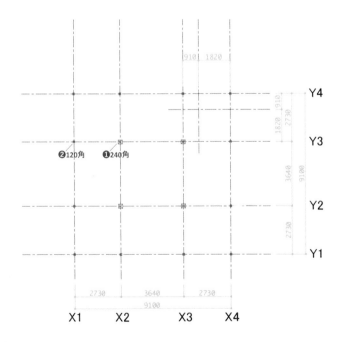

柱の効率的な描き方

柱をひとつ描いて、「右クリック→グループ化」して「複製」で配置していくと早い。

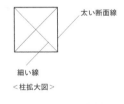

太い断面線
細い線
＜柱拡大図＞

❶大黒柱240×240mmを<u>02柱</u>に描き、図面の4箇所に配置する
❷120×120mmの柱を<u>02柱</u>に描き、図面の位置に配置する

3. 壁を描く

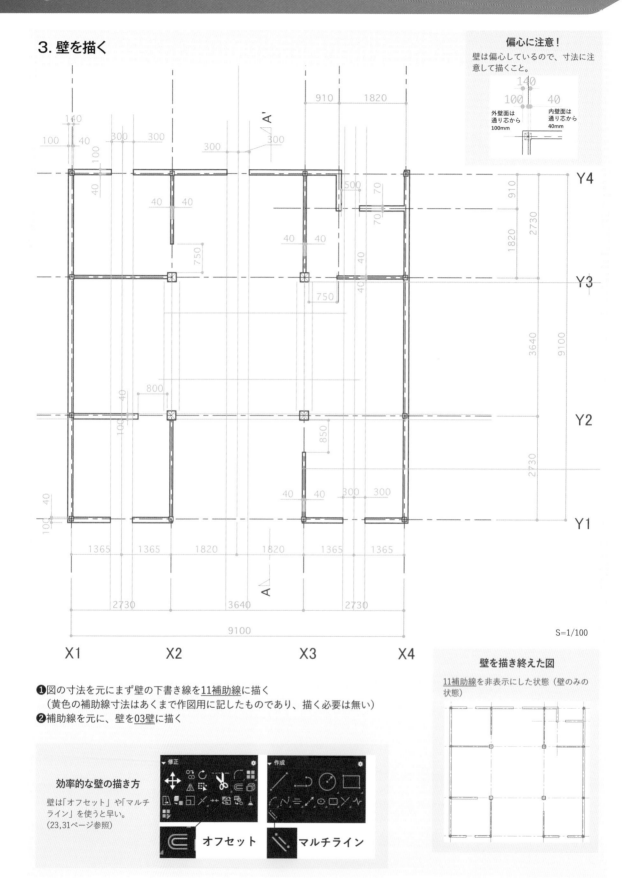

偏心に注意！
壁は偏心しているので、寸法に注意して描くこと。

S=1/100

❶図の寸法を元にまず壁の下書き線を<u>11補助線</u>に描く
（黄色の補助線寸法はあくまで作図用に記したものであり、描く必要は無い）
❷補助線を元に、壁を<u>03壁</u>に描く

効率的な壁の描き方
壁は「オフセット」や「マルチライン」を使うと早い。
（23,31ページ参照）

オフセット　マルチライン

壁を描き終えた図
11補助線を非表示にした状態（壁のみの状態）

4. 見えがかり線を描く

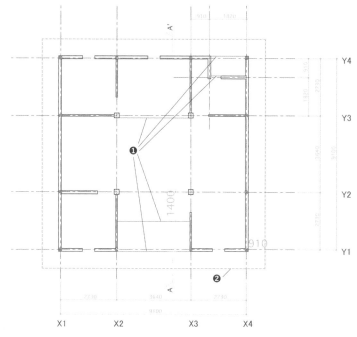

❶床の段差などの見えがかり線を描く
❷軒の出の破線を描く

5. 建具を描く

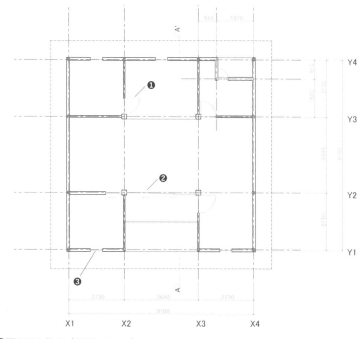

❶開き戸を描く（扉厚は30mm）
❷引き戸を描く（扉厚は30mm）
❸窓を描く（厚は30mm）

矢印の描き方

引き戸記号の矢印は「マルチ引出線」で描ける。
（描いてからプロパティで調整する）

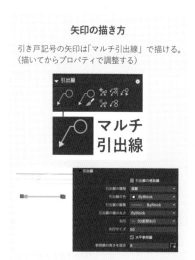

6. 家具を描く

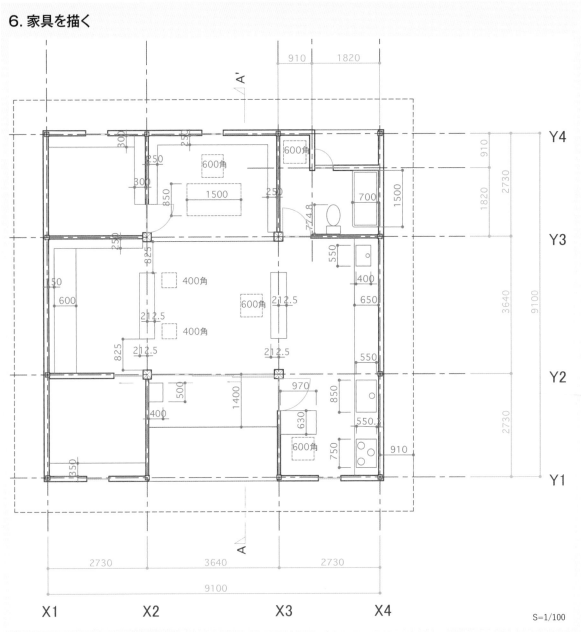

S=1/100

❶図の寸法を元に家具を07家具に描く
　（黄色の寸法はあくまで作図用に記したものであり、描く必要は無い）

家具を描き終えた図

補助寸法を非表示にした状態（家具のみ
の状態）

7. 文字を描く

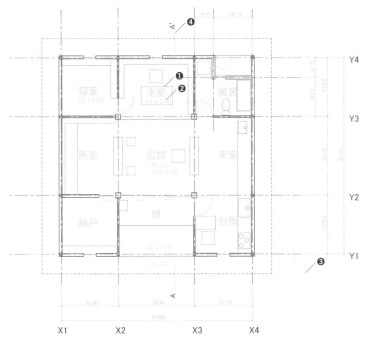

❶部屋名を06文字に描く（文字の高さは1.5）　※上図は判読できるよう文字を大きくしています。
❷床高さを06文字に描く（文字の高さは1）
❸方位も06文字に描く
❹断面カット位置を06文字に描く

8. ハッチングを描く

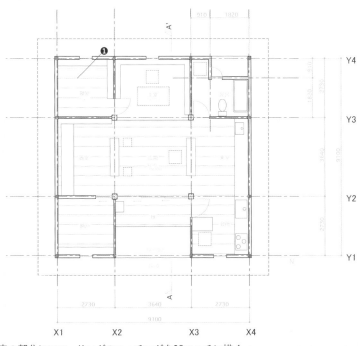

ハッチングの設定

ハッチングタイプは「ユーザー定義」とし、尺度は「450」とする。（24ページ参照）

「ユーザー定義」

❶床の部分にフローリングのハッチングを08ハッチに描く

2 断面図を考えてみよう

描いた平面図を元に作成した右ページのシートにトレーシングペーパーを被せて、有りうる断面図を考えて描いてみよう。屋根の形は下図などを参考に、どれがこの平面図にフィットするか考えてみよう。

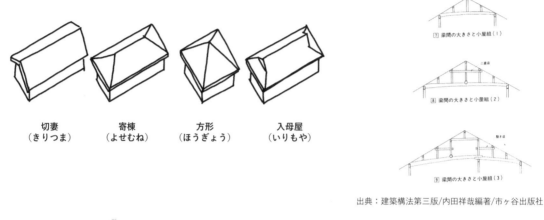

| 切妻
（きりつま） | 寄棟
（よせむね） | 方形
（ほうぎょう） | 入母屋
（いりもや） |

出典：建築構法第三版/内田祥哉編著/市ヶ谷出版社

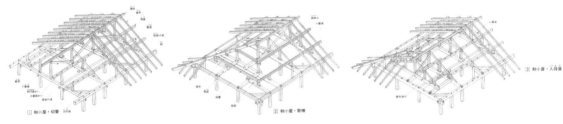

出典：構造用教材/日本建築学会

1. 断面スケッチ例

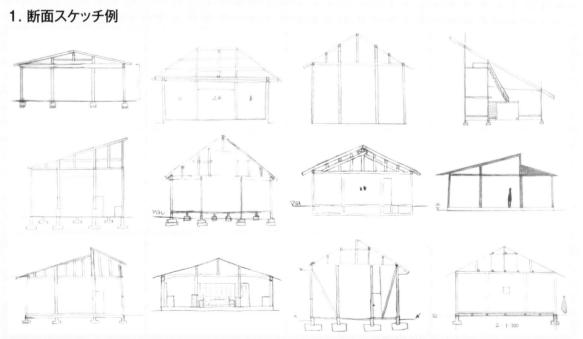

実際に授業時間中に、制限時間20分で描いた学生達の断面スケッチ例。同じ平面でも多様な断面図が有り得ることがよくわかる。

2. 断面スケッチシート S=1/100

A-A'のラインでカットした断面図として、どんなものが考えられるか？トレーシングペーパーを載せて描いてみましょう。

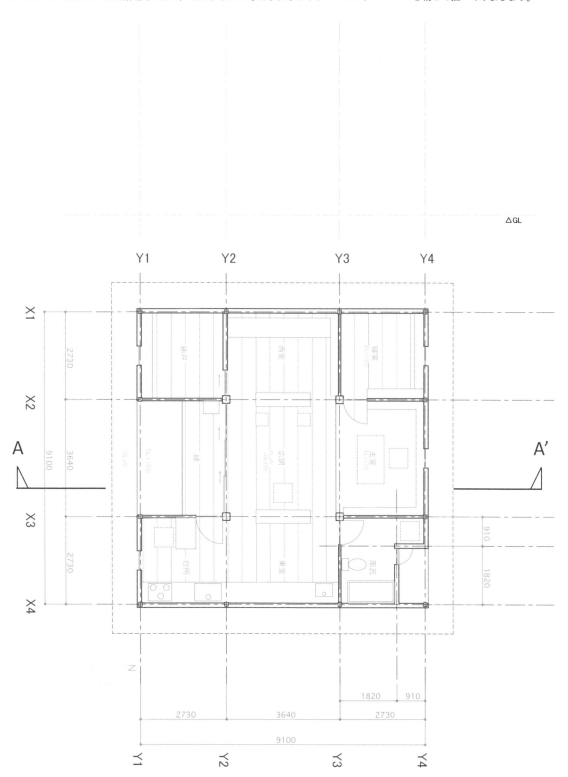

3 高床の家を知ろう

実は、この平面図は、福島加津也＋中谷礼仁（千年村計画）、福島加津也＋富永祥子建築設計事務所による高床の家の「2階」平面図である。実際は下図の断面図のように高床式であり、宙に浮いている。

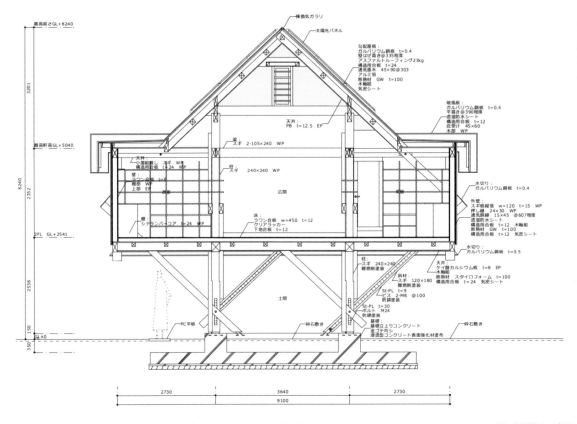

図1.断面図 S=1/100
作成：福島加津也＋富永祥子建築設計事務所

構想時の軸組模型、建て方時の躯体、竣工写真の3枚を見ると、主室を含む2階の空間をどのように宙へ持ち上げているかがよくわかる。

図2.軸組模型写真
撮影：福島加津也＋富永祥子建築設計事務所

図3.上棟時写真
撮影：福島加津也＋富永祥子建築設計事務所

図4.竣工時写真
出典：新建築住宅特集2021年6月号

平面図は実際にはこのように使われている。

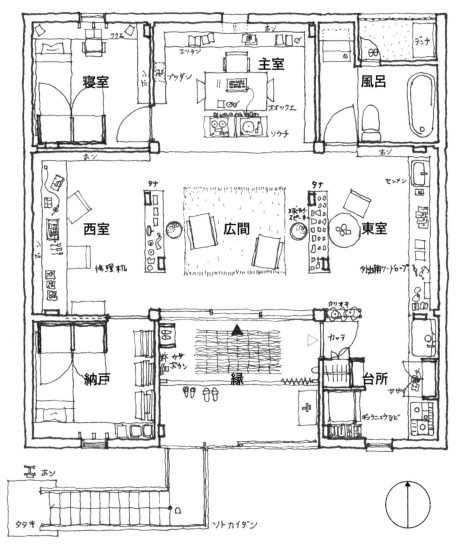

図5.平面図 s=1/80（画.中谷礼仁）

図6.内観写真（主室から縁を見る）
出典：新建築住宅特集2021年6月号

4 断面図を描いてみよう

● 1.で描いた平面図ファイル

ここでは、6-1でトレースした平面図から考え得る断面図のひとつとして、切妻平屋建ての断面図を描いてみる。
手描きで描く際と同じように、平面図から通り芯や補助線を伸ばして断面図を描いてみよう。

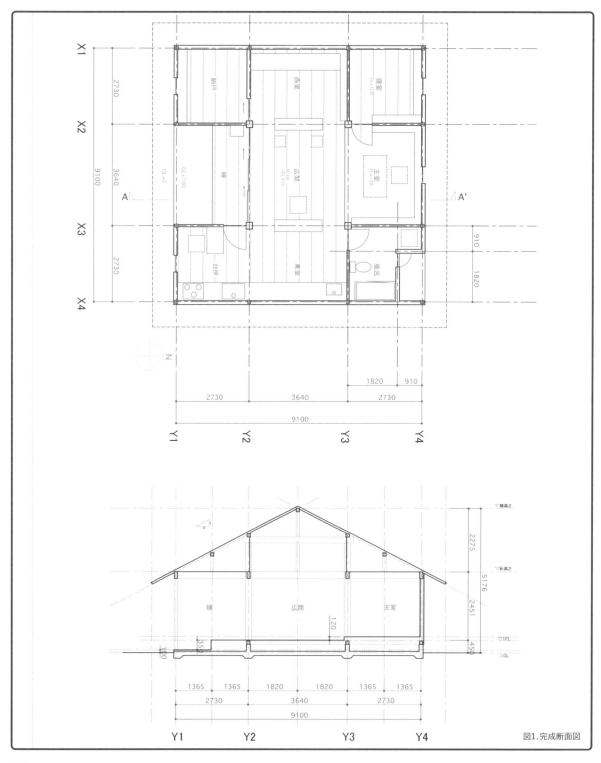

図1.完成断面図

1. 通り芯を平面図から複製する

❶平面図から必要な通り芯と寸法を「複製」する

画面表示の回転

画面右上の「ViewCube」で画面ごと回転させると描画しやすい。（表示されていない場合は、メニューバーの基本設定→ルック&フィールやViewCubeを表示の2Dモデル空間にチェックを入れる）

2. 通り芯と高さ方向の基準線を描く

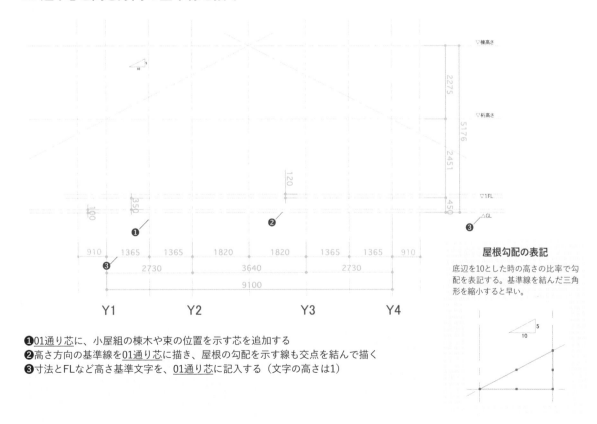

❶01通り芯に、小屋組の棟木や束の位置を示す芯を追加する
❷高さ方向の基準線を01通り芯に描き、屋根の勾配を示す線も交点を結んで描く
❸寸法とFLなど高さ基準文字を、01通り芯に記入する（文字の高さは1）

屋根勾配の表記

底辺を10とした時の高さの比率で勾配を表記する。基準線を結んだ三角形を縮小すると早い。

3. 基礎と柱・梁・土台を描く

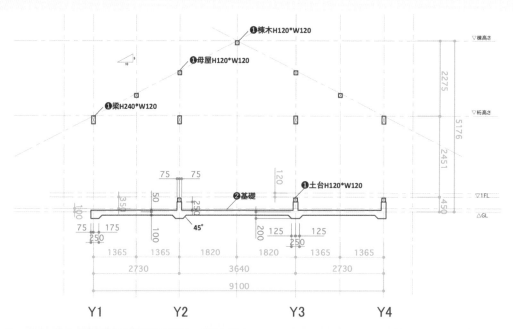

❶土台、梁、母屋、棟木を通り芯と基準線を参考に、02柱に描く
❷基礎を、02柱に描く（オレンジの補助寸法線は描く必要なし）

4. 断面線を描く

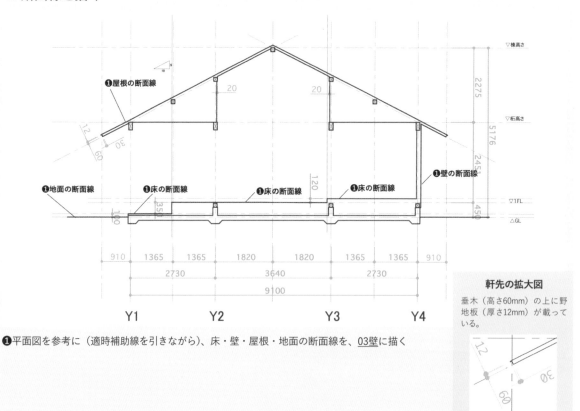

❶平面図を参考に（適時補助線を引きながら）、床・壁・屋根・地面の断面線を、03壁に描く

軒先の拡大図

垂木（高さ60mm）の上に野地板（厚さ12mm）が載っている。

5. 見えがかり線を描く

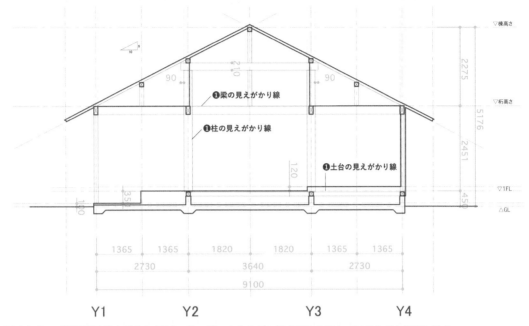

❶平面図を参考に（適時補助線を引きながら）、柱・梁・土台などの見えがかり線を、04見えがかり線に描く

6. 文字を描く

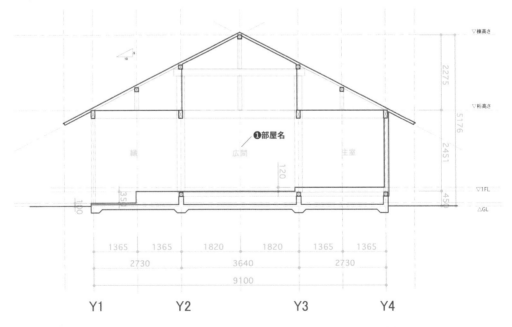

❶部屋名を、06文字に描いて完成！（文字の高さは1.5）

5 木造軸組 3D モデルを立ち上げてみよう

●7_1_5_ house_3D.skp

前節までで描いた平面図と断面図を用いて、切妻平屋の木造軸組モデルをSketchUpで3Dモデリングしてみよう。各部材を指定の色でモデリングしていくことで、3Dモデリングしながら和小屋の木造架構への理解も同時に得られる。

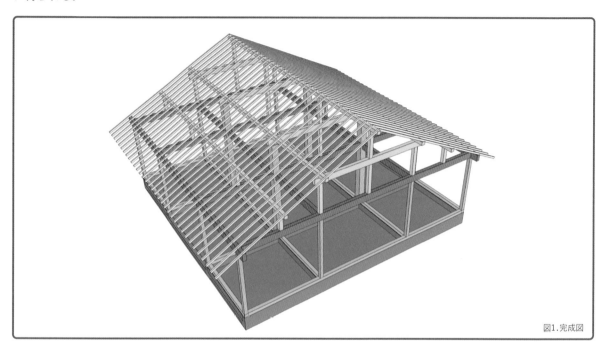

図1.完成図

1. dxf データを SketchUp へインポートする

使用するSketchUpのバージョン

SketchUp Proを使う場合は手順1.から、SketchUp free を使う場合は配布のファイルをダウンロードし、手順2から進める。（Free版ではdxfファイルのインポートができないため）

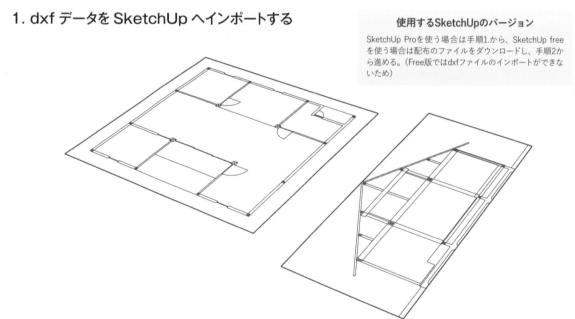

❶AutoCADで描いた平面図と断面図から、不要な画層の線を消去し、DXF形式で「名前をつけて保存」する
❷SketchUpで新規ファイルを作り、そのdxfデータを「メニューバー→ファイル→インポート」する
❸インポートされたデータはコンポーネント化されているので、分解し、各図面ごとに「グループ化」しておく

2. 断面図を回転し、平面図に揃えて配置する

タグ＝画層＝レイヤー

タグはレイヤーと同じである。タグウィンドウは以下の
ようになる。

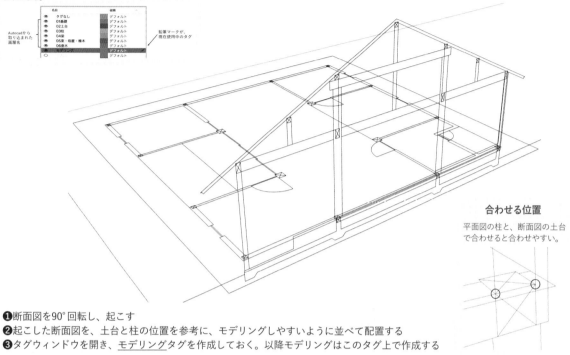

合わせる位置

平面図の柱と、断面図の土台
で合わせると合わせやすい。

❶断面図を90°回転し、起こす
❷起こした断面図を、土台と柱の位置を参考に、モデリングしやすいように並べて配置する
❸タグウィンドウを開き、モデリングタグを作成しておく。以降モデリングはこのタグ上で作成する

3. 基礎をモデリングする

効率的なモデリング

フーチング形状を1つモデリングし、そ
れを複製・回転し、モデリングした床板
と「外側シェル」で一体化すれば早い。

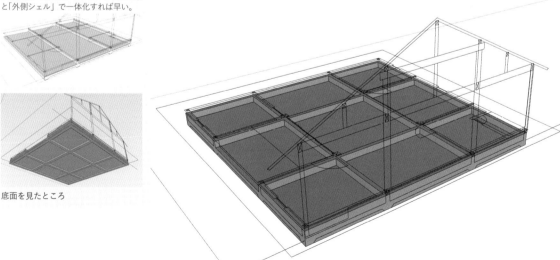

底面を見たところ

❶断面図と平面図を参考に、基礎をモデリングする。色は灰色にペイントする
（一方向で「プッシュプル」し、それを複製・回転すると早い。その後「外側シェル」で一体化しておく）

4. 土台をモデリングする

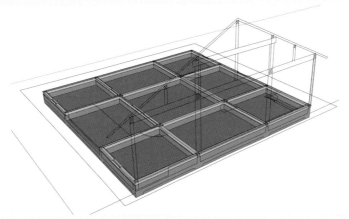

❶断面図と平面図を参考に土台をモデリングし、<u>水色</u>でペイントする。縁部分は断面図の通り床が下がっているため、土台が入らないことに注意すること

5. 柱をモデリングする

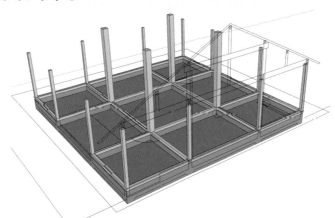

❶平面図と断面図を参考に柱をモデリングし、<u>黄色</u>でペイントする。柱をプッシュプルする際は、断面図にスナップさせるとよい

6. 梁・桁をモデリングする

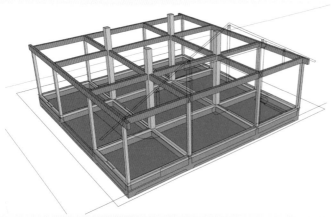

けらばの桁の出

柱のツラから300mmとする。

300 mm

❶平面図と断面図を参考に梁・桁をモデリングし、<u>オレンジ色</u>でペイントする

7. 小屋束・母屋・棟木をモデリングする

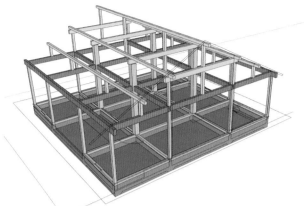

けらばの棟・母屋の出
桁と同じく、柱のツラから300mmとする。

❶断面図を参考に小屋束・母屋・棟木をモデリングし、<u>黄緑色</u>でペイントする

8. 垂木をモデリングする

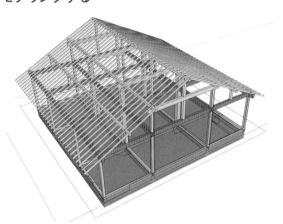

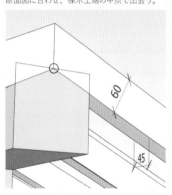

垂木の頂部
断面図に合わせ、棟木上端の中点で出会う。

❶断面図を参考に、垂木（高さ60×幅45mm）を300mm間隔でモデリングし、<u>白色</u>でペイントする。以上でモデリングは完成

9. 完成画像をエクスポートする

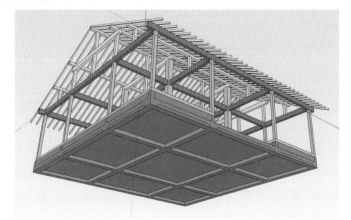

エクスポートとスクリーンショットの違い
エクスポートだと、XYZ軸が表示されない。

エクスポート

スクリーンショット

❶正確にモデリングできたことを示せるよう、登録してあるシーン：提出1と提出2の2方向からJPEGファイルでエクスポートする

1 平面図を加工しよう

● 7_2_1_heimen.ai、7_2_tenkei.ai

インテリアを表現する平面図では、空間の中で人が
どのように過ごすことができるか、空間の雰囲気を
より伝えることが大切であるため、添景を配置した
り図面を着彩することが有効になる。AutoCADで作
成した平面図にIllustratorを用いて添景を配置した
り、Photoshopを用いて着彩することで平面図を加
工してみよう。

クライアントに伝わる図面

専門家が見る建物を造るための建
築図面とクライアント（一般人）
に向けたプレゼンテーション図面
（インテリアの図面）の違いを意識
しよう。

Before（平面図 1/200）

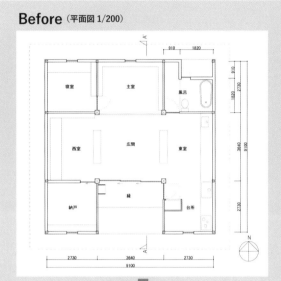

After（平面図 1/100）

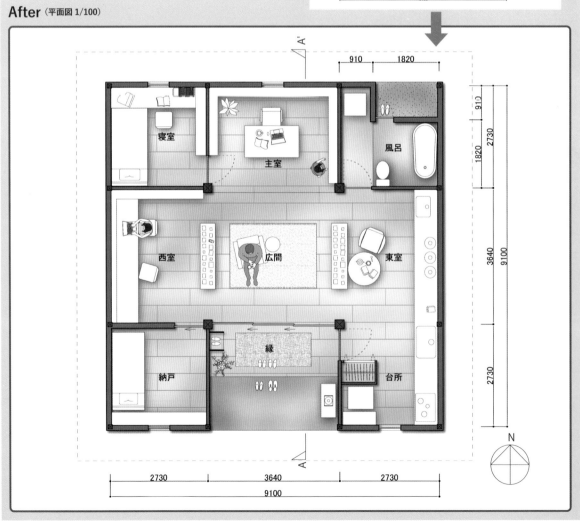

Illustratorで作業

1. 床の仕上げ（パターンの編集）

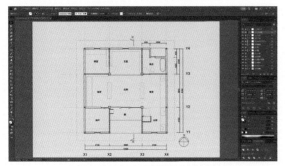

7_2_1_heimen.aiを開く

❶床ハッチレイヤーのみを表示する

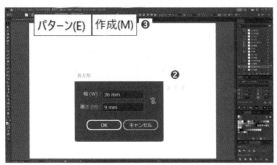

❷36×9㎜の長方形を作成し、面なし、線色グレー70％（K70）、線幅0.1mmとする
❸長方形を選択し、「オブジェクト→パターン→作成」とする

❹パターンオプションで、名前を床、タイルの種類レンガ(横)、レンガオフセット1/2、幅36mm、高さを9mmとする
❺完了を押す作成したパターンはスウォッチに登録される。作成した長方形は削除しておく

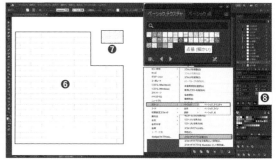

❻オブジェクトに、作成したパターンを反映させる
❼洗濯干し場にパターン点描（細かい）を反映させる
❽「スウォッチパネル→スウォッチライブラリを開く→パターン→ベーシック→ベーシックテクスチャ」から選択できる

2.Illustrator による着彩（壁、柱など）

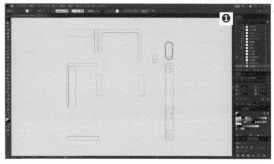

❶背景、固定家具レイヤーを表示する

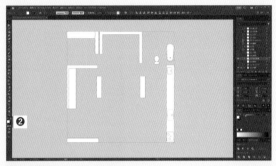

❷固定家具レイヤーの全てのオブジェクトを選択し、面を白色にする

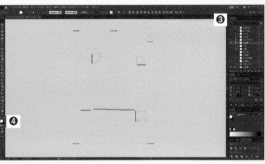

❸建具レイヤーを表示する
❹オブジェクトの面を白色にする

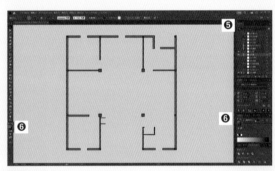

❺壁、柱レイヤーを表示する
❻オブジェクトの面を柱はグレー 80％（K80）、壁はグレー 70％（K70）で塗る

3. 添景の配置

❶柱、壁、固定家具、敷物、床ハッチ、背景レイヤーを表示する
❷7_2_tenkei.aiから敷物をコピーし、敷物レイヤーに配置する

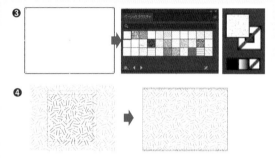

❸敷物と同じ大きさの長方形を作成し、面をパターン鳥の足跡にずる
❹「メニューバー→オブジェクト→パターン→パターン編集」をクリックして、オブジェクトを全て選択し、線色をグレー 70％（K70）に変更する

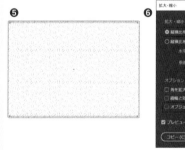

❺作成したパターンオブジェクトを選択する
❻「メニューバー→オブジェクト→変形→拡大・縮小」で、縦横比を固定50％、パターンの変形にチェックをいれるオブジェクトの変形のチェックをはずす

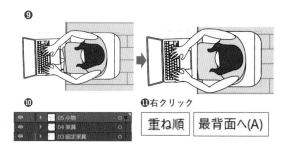

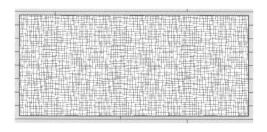

同様に、玄関の敷物もパターンをつけておく
パターン麻布、線幅0.1mm、線色グレー70％、縦横比を固定50％とする

パソコンで作業している人は下半身と上半身を別々のオブジェクトで作成してある。椅子の上に人を配置すると机の上に、足が見えてしまっており、不自然になっているため適切な重ね順に修正する。

❾下半身と椅子を選択する
❿固定家具レイヤーに移動する
⓫「右クリック→重ね順→最背面へ」

❼7_2_tenkei.aiから家具をコピーし家具レイヤー適宜配置する（p.178の完成図を参考にする）

4. 画像の書き出し

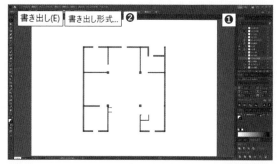

❶柱、壁レイヤーのみを表示させる
❷「メニューバー→ファイル→書き出し→書き出し形式→ファイル名7.2_1_heimen_kabe 、☑アートボードごとに書き出し」300ppiでPNGファイルで保存する

❽7_2_tenkei.aiから、人、小物をコピーし小物レイヤーに適宜配置する（p.178の完成図を参考にする）

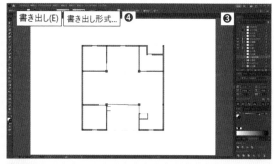

❸みえがかり、建具、柱、壁レイヤーを表示させる
❹「メニューバー→ファイル→書き出し→書き出し形式→ファイル名7.2_1_heimen_yuka 、☑アートボードごとに書き出し」300ppiでPNGファイルで保存する

⑤家具、固定家具レイヤーを表示させる
⑥固定家具レイヤーのパソコンで作業する人の足を個別にレイヤーから非表示にする
❼「メニューバー→ファイル→書き出し→書き出し形式→ファイル名7.2.1_heimen_kagu 、☑アートボードごとに書き出し」300ppiでPNGファイルで保存する

④床レイヤーを選択する
⑤フローリング部分を「自動選択ツール」で選択する
⑥床色レイヤーを選択する
⑦色の設定：スウォッチパネル→ペール→暖色系のブラウン（薄い）（C0M25Y50K25）
⑧「塗りつぶしツール」不透明度10%で色を塗る

Photoshopで作業

5. Photoshop による着彩（質感の表現）

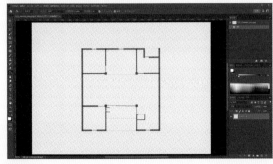

Photoshopで7.2_1_heimen_yuka.pngを開く

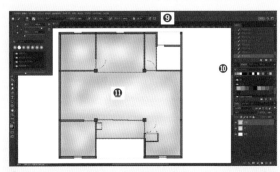

⑨ブラシツールの設定：直径400-1500px、硬さ0%、不透明度50%、流量25%
⑩色の設定：スウォッチパネル→ペール→寒色系のブラウン（薄い）（C0M12Y25K25）、寒色系のブラウン（明）（C19M28Y38K31）
⑪「ブラシツール」を使って、床部分に色を塗る

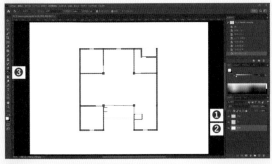

❶レイヤーの名前を床に変更する
❷レイヤーを2つ新規作成し、名前をそれぞれ、床色、背景に変更する
❸背景レイヤーを白色で塗りつぶす

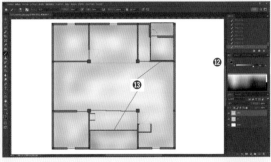

⑫色の設定：スウォッチパネル→グレースケール→80%グレー（K80）
⑬同様に他の床部分を「ブラシツール」で塗る

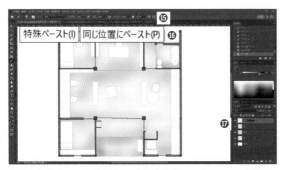

⑮ 7.2_1_heimen_kabe.png、7.2_1_heimen_kagu.pngを開く

⑯ 各々の画像で、「すべて選択」、「コピー」して、7.2_1_heimen_yuka.pngに「同じ位置にペースト」する

⑰ 新しくできたレイヤーの名前をそれぞれ壁、家具に変更する

❼ レイヤー順を上から<u>壁</u>、<u>家具</u>、<u>床色</u>、<u>床</u>とする

❽「メニューバー→ファイル→書き出し→書き出し形式→ファイル名7.2_1_heimen_color」PNGファイルで保存する

---

6. ドロップシャドウ（影の表現）

❶ <u>壁</u>と<u>背景</u>レイヤーのみ表示する

❷ <u>壁</u>レイヤーを選択し、<u>効果ドロップシャドウ</u>を選択する

❸ <u>描画モード乗算</u>、<u>不透明度40%</u>、<u>角度135°</u>、<u>距離15px</u>、<u>スプレッド1%</u>、<u>サイズ15px</u>

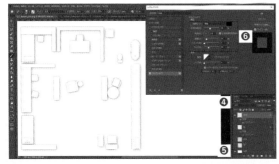

❹ 同様に、<u>家具</u>と<u>背景</u>レイヤーのみ表示する

❺ <u>家具</u>レイヤーを選択し、<u>効果ドロップシャドウ</u>を選択する

❻ <u>描画モード乗算</u>、<u>不透明度40%</u>、<u>角度135°</u>、<u>距離15px</u>、<u>スプレッド1%</u>、<u>サイズ60px</u>

---

7. 保存と書き出し

❶ Illustratorで、<u>色</u>レイヤーを作成し、<u>背景</u>、<u>床ハッチ</u>のレイヤーの間に入れる

❷ 完成した7.2_1_heimen_color.pngを色レイヤーに配置する

❸ <u>固定家具</u>レイヤーでパソコン作業をする人の足を表示する

❹ すべてのレイヤーを表示して、<u>背景</u>、<u>通り芯</u>レイヤーを非表示にする

❺ IllustratorのAIファイルは保存しておき、別に「メニューバー→ファイル →別名で保存→ファイルの種類：Adobe PDF」で保存する

（必要に応じて、右下に氏名を記載する）

2 断面図を加工しよう

● 7_2_1_danmen.ai、7_2_tenkei.ai

ここでは平面図に引き続き、AutoCADで作成した断面図にIllustratorを用いて添景を配置したり、Photoshop
を用いて着彩することで、デザインした空間の雰囲気を伝える表現方法を学ぶ。プレゼンテーション表現による
断面図は、家具や小物などのインテリアの構成をわかりやすく伝えるのに役立つ。断面図を加工して、より効果
的にクライアント（一般の人）に分かりやすい資料を作成しよう。

Before （断面図 1/200）

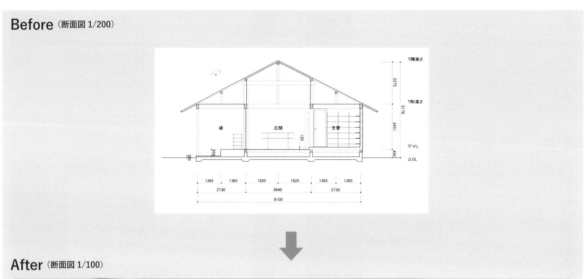

After （断面図 1/100）

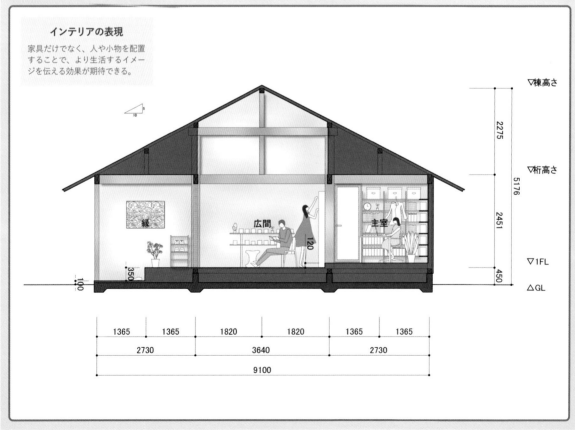

インテリアの表現

家具だけでなく、人や小物を配置
することで、より生活するイメー
ジを伝える効果が期待できる。

Illustratorで作業

1. Illustrator による着彩（家具、柱梁など）

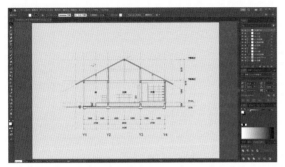

7_2_2_danmen.aiを開く

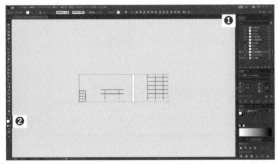

❶背面と<u>固定家具</u>レイヤーを表示する
❷<u>固定家具</u>レイヤーの全てのオブジェクトを選択し、面を白色にする

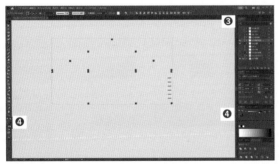

❸<u>断面家具</u>、<u>梁等</u>、<u>背景</u>レイヤーを表示する
❹オブジェクトの<u>面</u>をグレー80%（K80）で塗る

2. 添景を配置 （人、小物など）

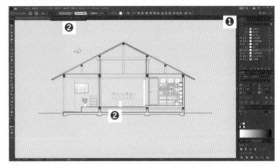

❶<u>断面線</u>、<u>断面家具</u>、<u>梁等</u>、<u>小物</u>、<u>固定家具</u>、<u>みえがかり</u>、<u>背景</u>レイヤーを表示し、<u>小物</u>レイヤー以外をロックする
❷7_2_tenkei.aiから小物類をコピーし、<u>小物</u>レイヤーに適宜配置する（p.184の完成図を参考にする）

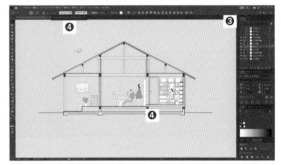

❸<u>断面線</u>、<u>断面家具</u>、<u>梁等</u>、<u>人</u>、<u>小物</u>、<u>固定家具</u>、<u>みえがかり</u>、<u>背景</u>レイヤーを表示し、<u>人</u>レイヤー以外をロックする
❹7_2_tenkei.aiから人をコピーし、<u>人</u>レイヤーに適宜配置する

3. 画像の書き出し

❶<u>断面線</u>レイヤーのみを表示させる
❷「メニューバー→ファイル→書き出し→書き出し形式→ファイル名7_2_2_danmen_danmen 、☑アートボードごとに書き出し」300ppiでPNGファイルで保存する

❸断面線、みえがかりレイヤーのみを表示させる
❹「メニューバー→ファイル→書き出し→書き出し形式→ファイル名02_danmen_miegakari 、☑アートボードごとに書き出し」300ppiでPNGファイルで保存する

❺固定家具レイヤーのみを表示させる
❻「ファイル→書き出し→書き出し形式→ファイル名02_danmen_kagu 、☑アートボードごとに書き出し」300ppiでPNGファイルで保存する

Photoshopで作業

4. Photoshop による着彩（断面）

Photoshopで7_2_2_danmen_danmen.pngを開く

❶レイヤーの名前を断面に変更する
❷レイヤーを2つ新規作成し、名前をそれぞれ、断面色、背景に変更する
❸背景レイヤーを白色で塗りつぶす

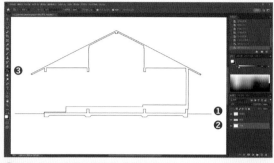

❹断面レイヤーを選択する
❺基礎部分を「自動選択ツール」で選択する
❻断面色レイヤーを選択する
❼色の設定：「スウォッチパネル→グレースケール→80％グレー（K80）」
❽「塗りつぶしツール」で色を塗る
同様に、他の断面部分を70％グレー（K70）で塗りつぶす

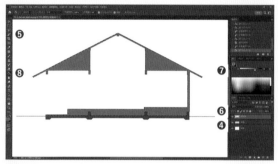

❾断面色レイヤーを選択する
❿「レイヤー→下のレイヤーと結合」から、断面色と断面を結合する

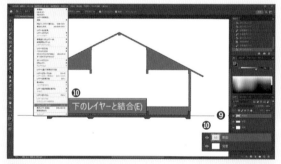

5. Photoshop による着彩（壁）

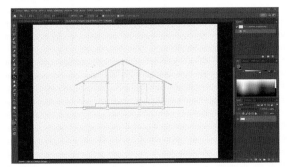

Photoshopで7_2_2_danmen_miegakari.pngを開く

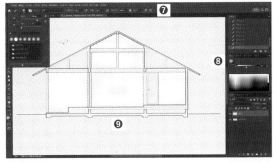

❼ブラシツールの設定：直径300px、硬さ０％、不透明度50％、流量25％
❽色の設定：スウォッチパネル→グレースケール→40％グレー（K40）
❾「ブラシツール」を使って、壁に色（陰）を塗る

6. ドロップシャドウ（影の表現）

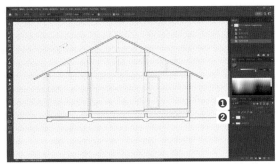

❶レイヤーの名前をみえがかりに変更する
❷レイヤーを新規作成し、名前を壁色に変更する

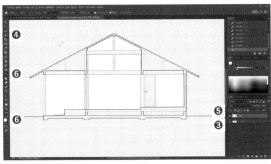

❸みえがかりレイヤーを選択する
❹図のように壁部分を「自動選択ツール」で選択する
❺壁色レイヤーを選択する
❻「塗りつぶしツール」で白色に塗りつぶす

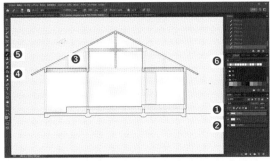

❶レイヤーを新規作成し、名前を、柱梁色に変更する
❷みえがかりレイヤーを選択する
❸現在の選択を解除し（Ctrl + D ）、柱梁を図のように選択する(memo参照)
❹柱梁色レイヤーを選択し、「塗りつぶしツール」で白色に塗りつぶす
❺「ブラシツール」で色を塗る
❻色設定：スウォッチパネル→ペール→寒色系のブラウン（明）（C19M28Y38K31）

ドロップシャドウを適用する柱梁の選択部分の範囲

柱梁で着彩した部分を使用して、後でドロップシャドウの効果を適用する。柱梁から右斜め下45°↘の方向に影を落とすため、影があたる壁がある部分だけ着彩する。図の赤点線部分は奥まった西室の壁が見えているため、その周りの柱梁は範囲から外す。

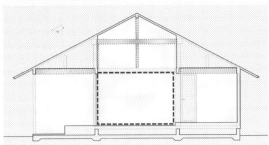

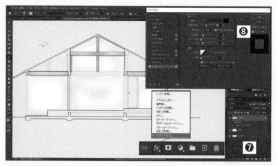

❼柱梁色レイヤーで、効果ドロップシャドウを選択する
❽描画モード乗算、不透明度40%、角度135°、距離15px、
スプレッド1%、サイズ15px

7. Photoshop による着彩（その他）

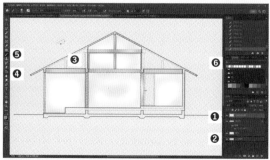

❶レイヤーを新規作成し、名前を柱梁色その他に変更する
❷みえがかりレイヤーを選択する
❸現在の選択を解除し（Ctrl+D）、他の柱梁等を図のように選択する
❹柱梁色レイヤーを選択し、「塗りつぶしツール」で白色に塗りつぶす
❺「ブラシツール」で色を塗る
❻色設定：スウォッチパネル→ペール→寒色系のブラウン
（明）（C19M28Y38K31）

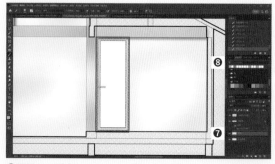

❼同様に、壁色レイヤーで、扉の色を塗る
❽色設定：スウォッチパネル→ペール→寒色系のブラウン
（薄い）（C0M12Y25K25）

8. 画像の結合

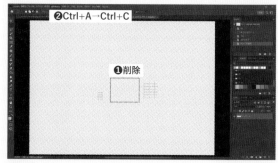

Photoshopで7.2_2_danmen_kagu.pngを開く
❶図の範囲にある固定家具を削除する
❷「すべて選択（Ctrl+A）→コピー（Ctrl+C）」する

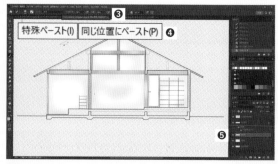

❸7.2_2_danmen_miegakari.pngのタブを開く
❹「メニューバー→編集→特殊ペースト→同じ位置にペースト」
❺レイヤー名を家具に変更し、柱梁色レイヤーと壁色レイヤーの間に移動する

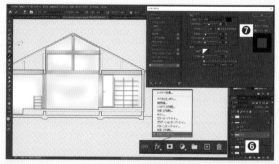

❻家具レイヤーで、効果ドロップシャドウを選択する
❼描画モード乗算、不透明度40%、角度135°、距離15px、
スプレッド1%、サイズ15px

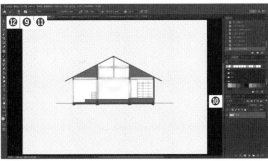

⑧「メニューバー→レイヤー→表示レイヤーを結合」から、レイヤーを一つに結合する

⑨合成したレイヤーを7.2_2_danmen_danmen.pngに「同じ位置にコピー」する
⑩背景レイヤーを削除する
⑪「メニューバー→レイヤー→表示レイヤーを結合」する
⑫「ファイル→書き出し→書き出し形式→名前：7.2_2_danmen_color」PNGファイルで保存する

Illustratorで作業

9. 保存と書き出し

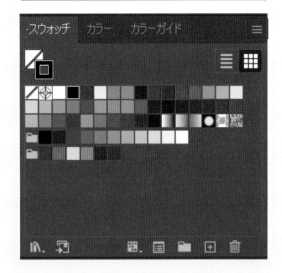

❶Illustratorで、色レイヤーを作成し、背景レイヤーとみえがかりレイヤーの間に入れる
❷完成した7.2_2_danmen_color.pngを色レイヤーに配置する
❸背景、通り芯レイヤーを非表示にする
❹IllustratorのAIファイルは保存しておき、別に「メニューバー→ファイル→別名で保存→ファイルの種類：Adobe PDF」で保存する（必要に応じて、右下に氏名を記載する）

おすすめスウォッチリスト

スウォッチリストには多くのライブラリが用意されている。使用したカラーが登録されていない場合は、パネルの右上のボタンから、「スウォッチライブラリを開く→初期設定スウォッチ→プリント」で呼び出せる。
他にも、カラー特性のライブラリは比較的カラーバランスがとりやすく、プレゼンテーションを作成するのに使いやすい。どのような色コンセプトにするか迷った場合は、とりあえず、カラー特性のライブラリを利用してみるとよい。

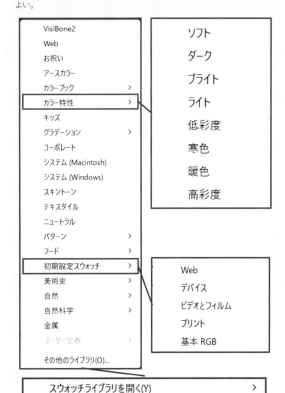

1 自分の設計をかたちにしてみよう

より実践的な課題として、独自の設計・デザインの提案をプレゼンしてみよう。これまでは読者は同じ課題に取り組んできたが、ここからは読者の数だけ制作物の形が存在する。

簡単な設計条件を設定してチャレンジするのもいいし、設計やデザインのコンペ、学校の制作課題などに取り組んでもよい。ここでは、大学の授業での設計課題例を紹介する。

2 設計概要と作品例

CADを用いたカフェ設計課題

『フェアリーテール（童話)』をテーマにしたカフェのデザイン

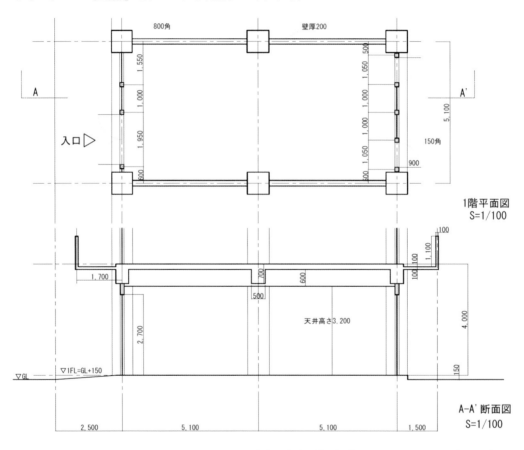

1階平面図
S=1/100

A-A'断面図
S=1/100

＊紙幅の都合で縮小掲載しているため、本図の縮尺は1/100ではない。

集合住宅のテナント空間に、テーマに沿ってカフェを設計する。付随するスペース、立地・周辺環境や窓からの景色など、自由に設定。構造躯体に変更は加えないこととする。

設計条件　1.　　敷地　大学近辺の立地などで自由に設定

　　　　　2.　　構造規模　RC造（鉄筋コンクリート造）、5階建てビルの1階部分の1区画

　　　　　3.　　主要スペース

　　　　　　　　・飲食、厨房、その他（コンセプトに応じて、展示、物販、生演奏等）

※トイレは設置不要。マンション内の共用トイレを使用するものとする。

対象：大学2年生（建築設計課題に取り組み始めたところ）
作業内容：
　（1）共通：躯体部分（次に挙げる平面図・断面図）を2DのCADで描画
　（2）各自：独自で設計したカフェについて、2D図面、3Dパースを制作し、レイアウト
目安時間：90分授業で10コマ程度

学生が実際に制作した事例を示す。テーマ設定や個人による習熟度の差は大きいが、本書を活用して初学者が到達できるCAD図面・プレゼン表現の例として見てほしい。

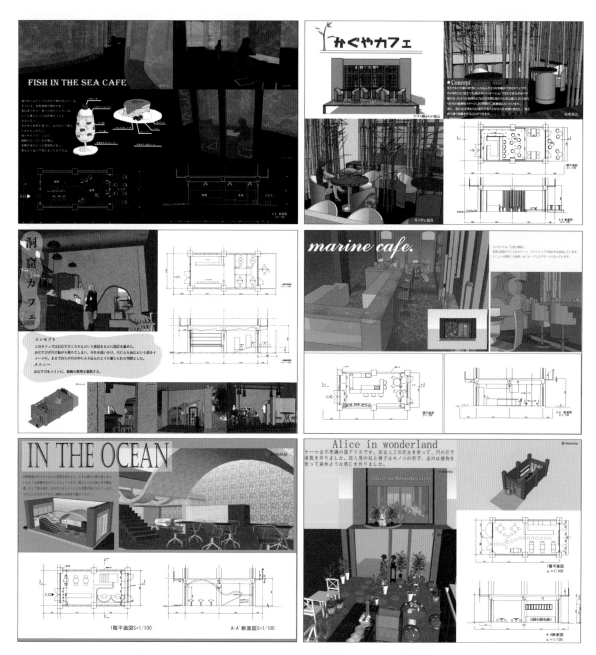

本書を活用しながら、プレゼンボード作成のための基本操作をマスターするとともに、実践的な課題にも多く取り組んでほしい。新たに創り出す空間イメージを正確に共有し、魅力を訴求するためのプレゼンテーションができるようになるだろう。

執筆者略歴

榊 愛（さかき・あい）
摂南大学理工学部住環境デザイン学科准教授。博士（工学）。
大阪市立大学大学院工学研究科後期博士課程修了、（株）インフォマティクスを経て、現職。
■ 担当：①AutoCADドリル、②SketchUpドリル

風戸拓大（かざと・たくひろ）
kazatostudio一級建築士事務所代表、摂南大学・京都芸術大学・同志社女子大学非常勤講師。一級建築士。
大阪市立大学大学院生活科学研究科前期博士課程修了後、Migiwa Hosoda Archi-Studioなどを経て、現職。
■ 担当：③AutoCAD+SketchUp連携ワーク

髙橋 彰（たかはし・あきら）
大阪大学サイバーメディアセンター特任助教。摂南大学非常勤講師。一級建築士、博士(工学)。
大阪大学大学院工学研究科博士課程修了、（公財）京都市景観・まちづくりセンター、関西学院大学を経て、現職。
■ 担当：④Photoshopドリル、⑤Illustratorドリル、⑥Photoshop+Illustrator連携ワーク、⑦住宅をつくってみよう【2】

松本 崇（まつもと・たかし）
みささぎ一級建築士事務所代表、京都芸術大学芸術学部環境デザイン学科専任講師。一級建築士。
大阪市立大学工学部建築学科卒業後、アイ・シー・ユー一級建築士事務所、辻村久信デザイン事務所+ムーンバランス勤務、
摂南大学非常勤講師等を経て、現職。
■ 担当：④Photoshopドリル、⑤Illustratorドリル、⑥Photoshop+Illustrator連携ワーク、⑦住宅をつくってみよう【1】

牧尾晴喜（まきお・はるき）
株式会社フレーズクレーズ代表。摂南大学非常勤講師。一級建築士、博士(工学)。
メルボルン大学での客員研究員などを経て現職。主な訳書に『モダン・ムーブメントの建築家たち』（青土社）、『世界を変えた建築構造の物語』
（草思社）など。
■ 担当：⑧カフェのインテリアデザイン

（本文執筆順）

■ 謝辞

• 本教科書は、2011年より行われている摂南大学理工学部住環境デザイン学科における空間表現演習での内容をベースに大幅に加筆し、まとめたものである。本授業に関係する皆様、ありがとうございました。

• ②-【1】において、越野晋伍様には趣旨をご理解頂いた上で資料提供および使用許可を頂き、ありがとうございました。

• ④-【2】において、平岡志織様、森聖雅様には趣旨をご理解頂いた上で資料提供および使用許可を頂き、ありがとうございました。また、木や空の画像の一部については、以下のサイトを使用しています。
  • [4_2_5_image_4.png by Ambigramme via Pixabay]
    https://pixabay.com/photos/tree-nature-forest-trunk-2515748/
  • [4_2_4_image_1.png and 4_2_5_image_3.png by JamisonII via Pixabay]
    https://pixabay.com/photos/tree-with-no-background-grass-3758810/
  • [4_2_5_image_2.jpg by byrev via Pixabay]
    https://pixabay.com/photos/blue-clouds-day-fluffy-sky-summer-88523/

• ⑦-【1】において、中谷礼仁先生・福島加津也先生・新建築写真部様には趣旨をご理解頂き、資料提供・使用許可を頂きました。ありがとうございました。

• ⑥-【1】において、図面の使用許可を頂いた建築主の皆様、ありがとうございました

• ⑧実践ワーク「カフェのインテリアデザイン」制作事例：阿波樹、岡留朱莉、張宇軒、鳴尾妃奈乃、藤本花菜、吉村優

サクサク学ぶAutoCAD・SketchUp・Photoshop・Illustrator
──2D・3Dの連携によるプレゼンボード作成

2023年12月25日　第1版第1刷発行

著　者……榊 愛・風戸拓大・髙橋 彰・松本 崇・牧尾晴喜

発行者……井口夏実

発行所……株式会社学芸出版社
　　　　　京都市下京区木津屋橋通西洞院東入
　　　　　電話075-343-0811　〒600-8216
　　　　　http://www.gakugei-pub.jp/　E-mail info@gakugei-pub.jp

編集担当………岩切江津子・知念靖廣

装丁・DTP……神原 宏一（デザインスタジオ・クロップ）

印刷・製本……シナノパブリッシングプレス